PANACHE DESAI

LASS DICH VON DEINER

Seele

FÜHREN

Achtsamkeit, Bewusstheit, Entschleunigung
33 Tage, die dein Leben verändern

Aus dem amerikanischen Englisch übersetzt
von Jochen Lehner

WILHELM HEYNE VERLAG
MÜNCHEN

Die amerikanische Originalausgabe erschien 2014 unter dem Titel
»Discovering Your Soul Signature. A 33-day Path to Purpose, Passion & Joy«
bei Spiegel & Grau, einem Imprint von Random House LLC in der
Penguin Random House Company, New York, USA.

Die in diesem Buch vorgestellten Informationen und Empfehlungen sind nach
bestem Wissen und Gewissen geprüft. Dennoch übernehmen der Autor und
der Verlag keinerlei Haftung für Schäden irgendwelcher Art, die sich direkt oder
indirekt aus dem Gebrauch der hier beschriebenen Anwendungen ergeben.
Bitte nehmen Sie im Zweifelsfall bzw. bei ernsthaften Beschwerden immer
professionelle Diagnose und Therapie durch ärztliche oder naturheilkundliche
Hilfe in Anspruch.

Sollte diese Publikation Links auf Webseiten Dritter enthalten, so übernehmen
wir für deren Inhalte keine Haftung, da wir uns diese nicht zu eigen machen,
sondern lediglich auf deren Stand zum Zeitpunkt der Erstveröffentlichung
verweisen.

Verlagsgruppe Random House FSC® N001967

Taschenbucherstausgabe 07/2018

Copyright © 2014 by Panache Desai Publishing, Inc. All rights reserved
Copyright © 2015 der deutschsprachigen Ausgabe by Ansata München, in der
Verlagsgruppe Random House GmbH
Copyright © 2018 dieser Ausgabe by Wilhelm Heyne Verlag, München,
in der Verlagsgruppe Random House GmbH, Neumarkter Straße 28,
81673 München
Alle Rechte sind vorbehalten. Printed in Germany.
Redaktion: Dr. Diane Zilliges und Katrin Ingrisch
Umschlaggestaltung: Guter Punkt, München
unter Verwendung eines Motivs von © Apostrophe/Shutterstock
Satz: Satzwerk Huber, Germering
Druck und Bindung: GGP Media GmbH, Pößneck
ISBN 978-3-453-70351-3

www.heyne.de

Meiner geliebten Großmutter Shanti Desai,
meinen liebevollen Eltern Mira und Dilip,
meiner wunderbaren Frau Jan
und meinen Lehrern:
meinen Töchtern Olivia und Sophia.

Es ist das Vorrecht eines ganzen Lebens,
der zu sein, der du bist.

Joseph Campbell

Inhalt

EINLEITUNG

Du liest die Zeilen auf dieser Buchseite hier nicht zufällig. Das Leben hat dich zu diesem Augenblick geführt. Vielleicht ging dem Ganzen eine Scheidung voraus, ein Verlust, ein finanzieller Engpass. Oder die Gesundheit spielt nicht mehr mit, oder es ist auf einmal – nur vage und noch undeutlich – eine Sehnsucht in dir aufgestiegen … Und jetzt ist es einfach da, ein Verlangen, eine bohrende Ahnung, dass da noch mehr sein muss. Überraschend bist du auf einen tiefen Wunsch gestoßen: auf den Wunsch, so zu sein, wie du eigentlich bist.

Irgendetwas stimmt mit deinem bisherigen Leben nicht. Deine Probleme mögen groß oder klein sein, sichtbar oder eher im Verborgenen liegen, jetzt gerade jedenfalls bist du ganz durchdrungen von dieser einen Sehnsucht. Und ich verrate dir etwas: Es geht uns allen so. Auf dieser Erde Mensch zu sein bedeutet, mit allen möglichen, vielschichtigen Gefühlsregungen konfrontiert zu sein.

Jetzt jedenfalls bist du hier. Wie es dazu gekommen ist, spielt keine Rolle mehr. Wunderbar. Das Einzige, was zählt, ist, dass du es geschafft hast.

Willkommen. Dein Geist hat dich zu diesen Worten geführt.

Welches Werk du in diesem Leben zu vollbringen hast, das entscheidest du – wie wir alle im Übrigen – nicht selbst. Aber diese Aufgabe ist die *Signatur* deiner Seele, dein unverwechselbarer Ausdruck, man könnte auch sagen: deine spirituelle DNA.

Sie ist das, was du im Innersten bist und was nur du allein dieser Welt zu geben hast. Sie hat nichts mit dem Streben nach Ruhm und Reichtum zu tun – wenngleich auch das dazugehören kann –, sondern sie ist die Summe all dessen, was du bist und je warst, was du in diesem ganzen Leben gedacht, gefühlt, getan und erlebt hast.

Um das für dich etwas nachvollziehbarer werden zu lassen, möchte ich dir erzählen, wie ich auf meine eigene Seelensignatur gestoßen bin. Als kleiner Junge habe ich jede freie Minute im Meditationsraum meiner Großeltern in East London verbracht. Wenn mir etwas nicht passte oder ich wütend war, ließ mich schon das Betreten des Raums ruhiger werden. Da saß ich also jeden Morgen und sah meiner Großmutter zu, wenn sie betete. Sie sang die *Guru-Gita*, ein Gebet der Andacht, das die Erinnerung an das innere Licht wachhalten soll. Meine Großmutter hatte prächtiges langes schwarzes Haar und trug einen Sari. Sie duftete nach Kokosöl. Und sie betete für jeden Einzelnen von uns um Gesundheit, Wohlergehen und Fülle. Sie schloss dann immer die Augen und bewegte die Perlen ihrer Mala. Sie las auch aus dem *Mahabharata* und der *Bhagavadgita*. Ein kleiner Kassettenrekorder lief die ganze Zeit über und erfüllte den Raum mit frommen Klängen und Gesängen. Schon die Luft selbst hatte etwas Weihevolles an diesem Ort. Heilig, geborgen, voller Liebe und Kraft. Es war der einzige Platz auf der Welt, an dem ich mich zu Hause fühlte, auch wenn ich damals noch nicht wusste, woran das lag.

Die ersten fünf Jahre meines Lebens verbrachte ich geborgen in einer Umgebung von reiner Schwingung. Alle ringsum waren mit ganzer Seele auf das Göttliche ausgerichtet.

Dann verschwand das mit einem Mal alles aus meinem Leben.

Als ich fünf war, zogen meine Eltern und ich aus der zu kleinen Wohnung in East London aus. Sie wollten eine bessere Schule für mich und überhaupt ein besseres Leben für uns alle. Ich war ein Einzelkind, einsam und eher schüchtern. Jetzt fühlte ich mich von einem Tag auf den anderen gänzlich von all der liebevollen Fülle abgeschnitten, die mein bisheriges Leben ausgemacht hatte. Es fühlte sich für mich wie eine Bestrafung an. Wie war ich nur in dieses endlos scheinende Abseits geraten?

Wir zogen im Lauf der Jahre noch mehrmals um, und ich besuchte zwei Mittelschulen. Als ich auf der Highschool war, landeten wir dann wieder in East London, und zwar in einem armen Arbeiterviertel, in dem alle ums tägliche Überleben kämpften. Hier lernte ich, was Schmerz bedeutet. Ich fühlte, was in den Menschen vorging. Und ich selbst lebte wie in einem Strudel von Energien, die größtenteils aus Ängsten und Sorgen bestanden. Wir besuchten meine Großeltern an den Wochenenden, doch der Meditationsraum sagte mir nichts mehr, ich konnte seinen Zauber einfach nicht mehr spüren. Als Teenager war mir überhaupt nicht danach, am Samstagabend mit einem Haufen Erwachsener zu meditieren.

Für das Leben unter den Jugendlichen im Dschungel der Straßen East Londons war ich nicht gut gerüstet. Ich war ein sensibler, offenherziger Junge und verstand die Grausamkeiten nicht, die Menschen einander antun. Sie prügelten sich, und jeder wollte dem anderen überlegen sein. Es kam dann auch, wie es kommen musste. Ich wurde gemobbt und zog böse Schikanen auf mich. Ich passte einfach in keine Gruppe. Meinen Eltern erzählte ich nichts davon, aber an manchen Abenden weinte ich mich leise in den Schlaf. Wozu war ich überhaupt am Leben? Was für einen Sinn sollte das Ganze haben?

Der Schmerz wurde so groß, dass ich ihn schließlich irgendwie betäuben musste. Ich verneinte meine Seelensignatur und versagte mir den ureigenen Ausdruck meiner selbst – und das kam mich teuer zu stehen. In meinen späteren Teenagerjahren fand ich Zugang zur Musikszene, aber das war auch mit Drogen und Alkohol verbunden. Ich schmiss mein Universitätsstudium hin. Damit brachte ich mich mehr und mehr in eine verzweifelte Lage und hatte schließlich kaum noch das Gefühl, mich da wieder rausziehen und meinen endgültigen Absturz noch abwenden zu können. Zwar hatte ich eine eigene Radiosendung und organisierte in der Londoner Musikszene Raves und andere Events, doch die innere Qual wuchs und wuchs. Spiritualität interessierte mich zu diesem Zeitpunkt überhaupt nicht mehr. Damit hatte ich abgeschlossen. Auch meine Großeltern besuchte ich nicht mehr. Der Meditationsraum war verblasst zu einem Trugbild aus meiner Vergangenheit, ein unscharfes Bild aus einem längst vergessenen Traum. Ich sah ihn nicht mehr vor meinem geistigen Auge und hätte ihn auch nicht mehr betreten können.

2001 erlebte ich dann eine Art Weckruf in Form einer Prügelei mit drei anderen Typen in einer Bar. Einer versetzte mir einen Kopfstoß, und dann fielen sie zu dritt über mich her. Den Türstehern gelang es irgendwie, mich vor dem Schlimmsten zu bewahren. In dieser Nacht wurde noch jemand angeschossen, und ich kann von Glück sagen, dass ich einigermaßen heil aus der Sache herauskam. Mit dem Trinken, den Drogen und der Musik war es dann im wahrsten Sinne des Wortes auf einen Schlag vorbei. Fertig. Erledigt. Ich wusste augenblicklich, was für ein Segen in diesem üblen Ende für mich lag. Mir war auch klar, dass mir die Lektion in eher milder Form erteilt worden war. Hätte ich sie jetzt nicht verstanden, wären die zukünftigen Aufrüttler sicher deutlich lauter, härter und zerstörerischer ausgefallen.

Ohne bereits konkrete Vorstellungen von möglichen neuen Wegen zu haben, ahnte ich, dass ich an das anknüpfen musste, was ich als Kind erfahren und erlebt hatte. Ich musste mir die Signatur meiner Seele wieder in Erinnerung rufen.

Es gibt keine großen oder kleinen, hohen oder niederen Seelensignaturen. Meine Signatur ist schlicht und ergreifend der spirituelle Weg. Bei deiner kann es darum gehen, Kinder für etwas zu begeistern, junge Menschen an ihre Bestimmung heranzuführen, deine ureigenen Begabungen in dein Lebensumfeld einfließen zu lassen oder was auch immer. Martin Luther King hat es in etwa so formuliert: »Wenn es deine Bestimmung ist, Straßen zu fegen, dann tu diese Arbeit so, wie Michelangelo gemalt, Beethoven komponiert und Shakespeare gedichtet hat. Fege die Straßen so gut, dass alle himmlischen und irdischen Heerscharen innehalten und sagen: Er lebte als großer Straßenfeger, und er hat seine Arbeit wirklich gut gemacht.«

Die Signatur deiner Seele gehört ganz und ausschließlich zu dir. Sie ist so individuell wie dein Fingerabdruck und macht den Kern deiner selbst aus. Sie durchdringt alle Bereiche deines Lebens.

Ich wusste, ich musste mein Zuhause finden, den Ort, dessen Energie mit der meinen übereinstimmte. Also verabschiedete ich mich von meinen Eltern und ging in die Vereinigten Staaten, wo ich für ein halbes Jahr in einem Aschram lebte. Die Tage waren dem selbstlosen Dienen geweiht: Ich arbeitete in der Küche und bereitete in riesigen Bottichen vegetarisches Essen für Hunderte von Retreat-Teilnehmern zu. Aber als Yogi taugte ich nichts. Bei der gemeinsamen Morgenmeditation schlief ich ein, Tag für Tag. Im Guru-Lehrbetrieb würde ich es zu nichts bringen. Ich war verbittert, traurig, einsam und völlig ratlos. Die Gefühle, die ich all die Jahre zu verdrängen versucht hatte, kamen wieder in mir hoch. Trotzdem hatte die Energie des Meditationsraums etwas zutiefst Aufbauendes für mich, weil sie mich an meine frühen Jahre erinnerte. Wieder war es der Ort, an dem ich Frieden fand.

Als ich diesen Aschram verließ, wusste ich nicht, wie es weitergehen würde. Ich war dankbar für die Zeit dort, für den Raum, der sich mir bot, um wieder Anschluss an mich selbst und meine Gefühle zu bekommen, aber das Aschramleben war einfach nichts für mich. Ich empfand es als ein Ausweichen, als eine Flucht.

Inzwischen war ich Anfang zwanzig und sehnte mich nach einem Zuhause. In einem Umfeld, dessen Energie im

Einklang mit meiner eigenen Energie war, konnte ich mich ganz hingeben und fühlte mich körperlich wie seelisch gelassen und entspannt. Stieß ich jedoch im Außen auf Energien, die mit meinem energetischen Zustand überhaupt nicht kompatibel waren, so verunsicherte und ängstigte mich das zutiefst, dann fühlte ich mich einfach überfordert. Es geht uns wohl allen so, nur dass wir meist nicht bemerken, was da eigentlich vorgeht. Wir führen es nicht auf die Energien zurück. Es fällt uns nicht auf, dass wir nicht im Einklang mit unserer Seelensignatur sind. Dann geben wir uns selbst oder anderen die Schuld.

Ich fühlte mich entwurzelt, war psychisch labil und ohne klare Zielvorstellungen oder Richtungsvorgaben, ohne eigene Bewegungsimpulse – wie ein Tier in der Wildnis erschnüffelte ich mir meinen Weg tagtäglich neu. So führten Intuition und Instinkt mich schließlich von New York nach Los Angeles. Im Stadtteil Venice fand ich eine kleine Wohnung, die ich mir mit einem anderen teilte. Ich besuchte ein Meditationszentrum, fühlte mich dort aber nicht zu Hause. Ich wartete auf irgendetwas, wusste aber nicht, auf was.

Das Warten hatte durchaus seinen Platz. Es war kein bloßes Warten, sondern eher ein Aufarbeiten all dessen, was in mir so vor sich ging. Es war eine Pause. Leider meinen wir bei Pausen oft, etwas sei daran nicht in Ordnung. Aber hier lag kein Fehler vor, es ging darum, all das Falsche, was ich im Laufe von dreiundzwanzig Jahren in mir angesammelt hatte, zu lösen und selbst zu entsorgen. Im Aschram hatte sich etwas in mir zu lockern begonnen, was ich »Schwingungsdichte« nenne (ein Begriff, der dir im weiteren Verlauf dieses Buchs ganz geläufig werden wird). Sie bestand bei mir aus so viel Traurigkeit, Ablehnung, Verrat, Verlust, Kummer, Wut und Angst, wie in ein so kurzes Leben überhaupt nur hineinpassen kann. Und als ich den Aschram einmal verlassen hatte, gab es auch kein Ausweichen mehr. Alles wurde drängender, lauter. Ich kannte mich nicht mehr aus, meine bisherige Wirklichkeit kollidierte mit einer neuen. Ganz vage spürte ich, worin diese neue Wirklichkeit bestand, aber ich drang nicht bis zu ihr durch. Noch nicht.

Am Silvesterabend 2002 war ich allein in meiner Wohnung in Venice, mein Mitbewohner war zu seiner Familie gefahren. In diesem Alleinsein, so wurzellos, spürte ich, wie sich eine Woge von Angst in mir auftürmte. Sie war stärker als alles, was ich bisher erlebt hatte, und sie wich nicht wieder zurück. Im Gegenteil, sie wuchs und wuchs. Ich spürte sie als etwas Konkretes, das bei mir in diesem Zimmer war. Es war nicht mehr möglich, diese Angst einfach zu übergehen. Ich versuchte, früh schlafen zu gehen. Was sollte ich bis zwölf warten? Ich stand wieder auf, sah nach, ob alle Fenster und Türen gut verschlossen waren. Ich schaute sogar unters Bett wie ein Kind, das Buhmänner fürchtet.

Es war, als würden alle Schrecken meines bisherigen Lebens auf einmal in mir losbrechen, und ich konnte nur zusehen, wie Welle über Welle auf mich einstürzte. Gleichzeitig spürte ich eine Art elektrischen Strom, und je weiter die Angst zunahm, desto stärker wurde auch dieser Strom. Heute weiß ich, dass es sich um so etwas wie eine energetische »Generalüberholung« handelte, aber damals hatte ich keinerlei Worte dafür. Ich verstand gar nichts. Für mich war es das Ende meiner Welt, und in einem gewissen Sinne trifft es das auch ganz gut.

Ich verließ die Wohnung, setzte mich in den Wagen und fuhr eine Weile in L. A. herum. Es nützte einfach nichts, ich gewann keinen Abstand. Diese Energie verfolgte mich, wohin ich auch fuhr. Zuletzt fuhr ich nach Hause zurück und legte mich mit geöffneten Händen aufs Bett. Ich hatte die ganze Nacht kein Auge zugemacht, und es wurde bereits Morgen. Diese Energie schien sich jetzt in der Herzgegend zu konzentrieren. Würde mein Herz nun stehen bleiben? Ich zitterte, ich schlotterte – alles, was ich war, fiel von mir ab.

Schließlich ergab ich mich. Ich gab auf. Im gleichen Moment füllte sich das Zimmer vom Boden bis zur Decke mit goldenem Licht. Ein Gefühl wie von Elektrizität überschwemmte mich als immer weiter anschwellende Woge, die mich aufs Bett drückte. Und überall dieses Licht, so golden, dass es beinahe weiß wirkte. Das mit ihm verbundene Gefühl rauschte über mich hinweg und durch mich hindurch. Ich erkannte es, es war Liebe, aber Liebe einer anderen Art, als ich je mit dem Wort verbunden hatte. Ich war umgeben von dieser Liebe, und sie war auch in mir. Angst und Traurigkeit waren wie weggefegt, wie in ihre Einzelteile zerlegt und von mir abgefallen. Ich wusste: Dieses strahlende Licht, diese Liebe, ist der Stoff, aus dem unsere Realität gemacht ist. Ohne Angst würden wir ständig in diesem Licht und dieser Liebe leben. Ich stand auf, verließ die Wohnung und ging auf die Straße. Auch da strahlte jetzt alles, wirklich alles – der Unrat, die Autos, die Graffiti, sogar der betrunkene Mariachi-Sänger, der so furchtbar falsch sang, und das meist vor meinem Fenster. In allem und allen war dieses Leuchten. Plötzlich überfiel mich der Hunger, und ich besuchte zum

Mittagessen ein mexikanisches Restaurant. Mein Burrito leuchtete genauso wie alles andere.

Meine Großmutter und die Sprache meiner Kindheit fielen mir wieder ein, ihre sanfte Stimme, mit der sie aus den Hindu-Schriften gelesen hatte. Der Duft von Räucherwerk, wie er durch den Meditationsraum gezogen war. Die durch das Fenster hereinfallenden morgendlichen Sonnenstrahlen. »Diese Welt ist eine Ausgießung der Herrlichkeit Gottes, des viel Verheißenden, der strahlenden Liebe. Jedes Gesicht, das du siehst, ist seines. Er ist ohne Ausnahme in jedem gegenwärtig.« Die frühen Jahre, in denen ich den Gebeten meiner Großmutter gelauscht hatte, erlaubten mir jetzt, die Geschehnisse richtig einzuordnen und zu wissen, dass ich gerade nichts anderes als die Unendlichkeit Gottes erfuhr.

Mir wurde klar, dass ich als Bote hier bin. Das war mein Wesenskern. Es war das, was mich wirklich ausmachte, meine Seelensignatur. Ich war von meinem Weg abgekommen, hatte ihn beinahe komplett aus den Augen verloren, doch die Signatur meiner Seele hatte geduldig darauf gewartet, dass ich sie wiederfinden würde. Ich wusste, dass ich von jetzt an für immer mit ihr verbunden und verbündet sein würde.

Mit unserer Seelensignatur auf einer Linie liegen – eigentlich sollte das eine ganz natürliche Sache sein. Aber so viele ringen mit ihrem Leben, so viele wissen nicht einmal um die Existenz einer Signatur der Seele. Als Menschen, die so gut wie immer vom Aufruhr der Gefühle erfüllt sind, machen wir nur zu leicht den Fehler, unsere wahre Berufung zu missachten oder sogar als falsch anzusehen.

Frag dich einmal: Könnte es sein, dass du dir irgendwo auf deinem Weg die von deiner Familie oder von anderen oder sogar von deiner eigenen Verunsicherung ausgehende Einschätzung zu eigen gemacht hast, dass du nicht gut genug, also ungenügend bist? Mit dieser Haltung wendest du dich von dem ab, was du im Innersten bist, von deinem Wesen.

Wir schneiden uns damit von unserem Ursprung ab, und das ist ein Schritt in das Erleben von Leid und Mangel. Wir sind dann wie verlassene Küken im Nest, noch unfertig und schwach, unfähig zu fliegen oder sich selbst zu ernähren. Finden wir jedoch unsere Seelensignatur und wachsen in sie hinein, sind wir wieder vollständig. Wir nehmen uns an mit allem, was wir sind, und so kann die Signatur unserer Seele zu ihrem höchsten Ausdruck finden. Das vollzieht sich als Abfolge kleiner Schritte, bei den meisten Menschen ist es keine großartige Sache von der Art eines Feuerwerks. Es kommt auf leisen Sohlen, ganz überraschend. Sobald wir bewusst an unsere Seelensignatur anknüpfen und uns unserer wahren Natur nicht länger widersetzen, verändert sich unser Leben auf eine Art, die wir uns vorher nicht einmal hätten vorstellen können.

Dieses Buch führt dich auf eine dreiunddreißig Tage dauernde Wanderung, bei der du eine »Dichte-Entschlackung« erleben wirst, wie ich es nenne: Schicht für Schicht werden dabei verhärtete, festgefahrene Gefühle abgetragen. Es gilt eine Schale zu knacken, die aus all dem besteht, was dich bisher festgehalten hat. Durch eine Reihe von aufeinander aufbauenden Meditationen und Übungen lernst du dich in all deinen Facetten kennen und wirst ganz vertraut mit dir. Es geht darum, dich selbst anzunehmen mit allem, was dich ausmacht. Keine Angst, du wirst nicht überfordert sein, es ist alles machbar. Du brauchst in keinen Aschram zu gehen, dich nicht von Grünkohl zu ernähren oder irgendein exotisches Gebräu zu trinken.

Ich werde dich dazu ermuntern, dir am Morgen für ein paar Minuten die Gefühle klarzumachen, die dich blockieren. So kannst du diese Gefühle gleichsam unter kontrollierten Bedingungen erleben und dadurch nach und nach all die Fesseln abstreifen, die dich von deiner Seelensignatur entfernt und getrennt haben. Du stellst dich allem, was du bist, und das verschafft dir Zugang zu Fülle und überwältigender Schönheit.

Mittags lade ich dich ein, dich auf eine Erfahrung einzulassen, bei der du dein neues Bewusstsein in einer Alltagssituation erproben kannst. Es ist wichtig, die Dinge nicht nur zu kennen, sondern auch zu leben. Du wirst über das Werkzeug verfügen, dieses neue Bewusstsein mit der nötigen Bodenhaftung konkret und praktisch umzusetzen. Ich werde meine persönlichen Einsichten und Geschichten von meiner Arbeit mit Menschen auf der ganzen Welt nutzen, um dir zu vermitteln, wie du dich Tag für Tag und Stunde für Stunde neu in deinem Leben orientieren kannst.

Am Abend schließlich halte ich eine Seelenmeditation oder eine Art Schlaflied für dich bereit, die du am besten vor dem Schlafengehen lesen solltest. Denn dann wirken sie sogar in den Schlaf hinein und in dir nach. Es sind Gefühlserlebnisse, die dich mit deinem immer in dir lebendigen tiefsten Wissen verbinden – wie eine behagliche Decke, die sich um dich legt und dafür sorgt, dass du nie vergisst, wer du im Innersten bist.

Am besten ist es, wenn du die dreiunddreißig Tage in der gegebenen Reihenfolge durchgehst, dann ziehst du den größten Nutzen daraus. Manches wird dir mehr liegen, anderes nicht so sehr, und es kann auch mal sein, dass dir das Leben dazwischenkommt. Wenn es nicht gelingt, die dreiunddreißig Tage ohne Unterbrechung zu absolvieren, mach dir deswegen keine Vorwürfe. Lass dein Herz dein nachsichtiger Führer sein, denn Nachsicht ist auch das Wesen deiner Seelensignatur. Vertraue auf dein Herz. Schlag zum Beispiel einfach eine Seite auf und lies, was da steht. Du wirst finden, was du brauchst.

Wir alle haben uns – unsere Seelensignatur – in irgendeiner Weise abgelehnt, wie ich es als junger Mann getan habe. Wir haben Zeiten des Schmerzes und der Einsamkeit durchlebt. Das gehört einfach zu den Gezeiten, die jeder Mensch erfährt. Wir werden in die Signatur unserer Seele hineingeboren. In der Jugend begehren wir oft gegen sie auf, und als junge Erwachsene weisen wir sie sogar zurück, weil wir meinen, wir müssten alles selbst können. Wir suchen Liebe und Bejahung, wo sie nicht zu finden sind. Irgendwann – und da bist du jetzt – geben wir dieses Spiel auf und nehmen uns so an, wie wir sind. Wir lassen uns auf die Energie ein, die uns erschaffen hat, und von da an nimmt unser Leben in allen Bereichen seinen natürlichen Lauf.

Es kommt einfach ein Punkt, von dem an du dir selbst gut genug sein musst.

Dass du bist, wie du bist, ist der Segen.

Dass du bist, wie du bist, ist das Wunder.

Dass du bist, wie du bist, ist genug.

Dass du bist, wie du bist: Das ist deine Seelensignatur.

ENERGIE IN BEWEGUNG

Wir sind Schwingung, Bewohner eines Universums von schwingender Energie. Es hat den Anschein, als seien wir als Körper wie ein fester Stoff, aber eigentlich sind wir das nicht. Auch wissenschaftlich gesehen sind wir es im Übrigen nicht. Die Quantenphysik belegt, dass Energie verschiedene Zustände und Formen annehmen kann und dass das scheinbar so Feste aus schwingenden Teilchen und Molekülen besteht. Nichts ist fest gefügt, alles kann auch neu und anders betrachtet werden, wirklich alles. Ich möchte dir eine neue Sicht auf dein ganzes Leben nahebringen.

Wir sind energetische Wesen, und unsere Gefühle, all unsere Regungen, sind ebenfalls schwingende Energie. Emotionen, Gefühle, sind einfach Energie in Bewegung. Wenn wir Gefühle unterdrücken und ihre Inhalte verdrängen, wird das so Verleugnete schwer, und es entsteht das daraus, was ich Schwingungsdichte nenne. Diese Schwere kann ganz unterschiedliche Formen annehmen, aber sie hemmt immer die natürliche Leuchtkraft deines Geistes. Das zeigt sich schon an den Formulierungen, die wir gern für unsere Gefühle wählen: Wir schlucken unseren Ärger hinunter, wir halten die Tränen zurück, wir haben einen Kloß im Hals, wir wappnen uns. Wie oft wollen wir uns schützen, doch tatsächlich halten wir damit nur das Beste an uns unter Verschluss. Wir spüren, dass da noch mehr sein muss, wissen aber nicht, wie wir da rankommen können.

Unsere Energie kann in verschiedenen Zuständen erscheinen, so wie Wasser verdampfen oder zu Eis gefrieren kann. Wenn wir unsere Gefühle nicht frei fließen lassen, scheint etwas in uns fest und hart zu werden wie Beton. Dann sind wir so voller Traurigkeit, Ärger, Schuldgefühl, Angst und Scham, dass für nichts anderes mehr Platz zu sein scheint. Je mehr wir mit dergleichen belastet sind, desto niedriger wird unsere Schwingungsfrequenz, desto weniger Verbundenheit, Lebendigkeit und Freude können wir noch empfinden. Wenn wir die Dinge in uns jedoch gelöst und bereinigt haben, dann werden wir im gleichen Maße leichter und können Fülle, Gesundheit, Liebe und den Reichtum der Seele wieder in unser Leben einfließen lassen.

Du möchtest deine Seelensignatur wiederfinden, und dieses Buch wird dir dabei helfen. Alles in deinem bisherigen Leben hat dich zu dem Punkt gebracht, an dem du jetzt gerade stehst. Jetzt bist du bereit für die Wahrheit, dass du Liebe *bist*. Du bist die Fülle, du bist strahlende Gesundheit und du bist ganz tief mit dem Göttlichen verbunden. Es gibt nichts, absolut nichts, was mit dir nicht in Ordnung sein könnte. Du hast den Punkt erreicht, von dem an du in vollkommener Verbundenheit mit dir selbst leben kannst.

Du bist nicht das, was du in den Augen der anderen bist. Du bist genau den Weg gegangen, den du gehen solltest, und jetzt bist du hier. Du wirst in etwas Größeres eintauchen, etwas Tiefes und Weites.

Vor allem wünsche ich mir für dich, dass du die Liebe wirst, die du bist, und dass du diese Liebe von heute an auch in jedem einzelnen Augenblick lebst.

Wenn ich dich jetzt Schritt für Schritt bei der Auflösung all der Gefühle und Gedanken anleite, die dich von deiner Seelensignatur ferngehalten haben, sollst du wissen, dass ich immer als dein Freund an deiner Seite bin. Es ist eine magische Reise, die dir bevorsteht, mitreißend und kraftvoll. Komm mit. Es ist unglaublich einfach. Ich reiche dir die Hand. Los geht's. Ich habe mein ganzes Leben lang auf dich gewartet.

1. Tag Angst

Morgen

Es hat seinen Grund, dass wir mit der Angst beginnen. Wir lassen unser Leben so oft von ihr bestimmen. Sehen wir uns das einmal genauer an: Eigentlich ist alles in Ordnung, aber auf einmal bringt dich etwas aus dem Takt, und du denkst mit Grauen an etwas, was noch gar nicht eingetreten ist und wahrscheinlich auch nie eintreten wird. Wie aus heiterem Himmel ist plötzlich die Sorge um anstehende Zahlungsverpflichtungen da. Du machst dir Gedanken über deine Arbeit und bekommst sie nicht mehr aus dem Kopf. Es könnte ja sein, dass dein Chef etwas gegen dich hat. Oder dass ein Kollege gegen dich intrigiert. Darüber grübelst du eine Weile, dann springen deine Gedanken vielleicht zu den Kindern und den Sorgen, die du ihretwegen hast. Bedeutet Johnnys Zwei minus beim Mathetest vielleicht, dass er auf dem Weg zum Schulversager ist? Sophie hat die typischen Probleme eines Mittelschulmädchens, und jetzt überlegst du, ob ihr Selbstwertgefühl dadurch nicht dauerhaft Schaden nehmen könnte. Und deine eigene Gesundheit – das ist natürlich auch noch so ein Thema. Wenn du am Morgen mit einem Brummschädel aufwachst, ist das doch sicher ein Tumor. Im

Handumdrehen siehst du dich als kranken, arbeitslosen, armen Schlucker. Und das spielt sich alles im Kopf ab! Worin solche Ängste auch immer bestehen, sie schnüren dir die Luft ab und lassen dein gesamtes Energiefeld schrumpfen.

Angst zieht Angst nach sich. Denken wir an einen Garten. Was passiert, wenn wir ihn verwildern lassen? Wenn wir unseren Garten nicht pflegen, wird schließlich alles von Unkraut überwuchert, all die sorgsam gezüchteten Rosen, Pfingstrosen und Taglilien. Ihre Wurzeln finden keinen Platz mehr, werden von ihrer Quelle abgeschnitten, und schneller, als man es für möglich hält, verschwindet die ganze Schönheit.

Angst ist eine Energie, alle Tiere erfahren sie, aber einzig der Mensch hält an ihr fest. Kuh, Hirsch, Fuchs und sogar der Bär kennen das Gefühl der Angst, aber sie schütteln es nach einer kritischen Situation wieder ab und setzen unbekümmert ihren Weg fort. Wir Menschen tun das nicht, wir sammeln Angst, wir horten sie förmlich und speichern sie in unserem Körper. Wir werden nicht müde, uns selbst zu beweisen, dass man sich in dieser Welt nicht sicher fühlen kann. Natürlich hat die Angst ihren von der Evolution bestimmten Platz, aber nur als konkrete Furcht, die unser Überleben sichert, nicht als Angst, die wir hegen und pflegen, bis sie mit uns durchgeht. Dann lässt sie uns erstarren, sie sorgt dafür, dass wir nicht mehr vom Fleck kommen. Wir harren in unbefriedigenden Jobs und Beziehungen aus, weil wir fürchten, dass uns ohnehin nichts Besseres erwartet. Doch damit widersprechen wir dem universalen Prinzip des Wachstums. Gras wächst weiter, Flüsse strömen weiter dem Meer entgegen, Galaxien werden geboren. Das Leben entwickelt sich stetig zu mehr, als es bisher war. Alles in der Natur bestätigt dieses Prinzip.

Nötig ist demnach, dass wir zu unserem Mut finden, was aber nicht bedeutet, dass es dann keine Angst mehr gibt. Mut ist vielmehr die Bereitschaft, die Angst zu fühlen und trotzdem weiterzugehen. Angst bringt uns ja nicht um, sie ist eine Energie, die wir zulassen können. Dann strömt sie durch uns hindurch und zieht weiter ihrer Wege.

Kümmere dich um den Garten deines Unbewussten. Stell dir vor, du lebst in einem Haus, das von einem herrlichen Garten umgeben ist. Schade nur, dass die Angst in diesem Garten wuchert, Angst vor Geldmangel, Alleinsein, Krankheit oder was auch immer – lauter Unkraut dieser Art. Geh nach draußen, pflege diesen Garten. Stell es dir bildlich vor: Du kniest, hast die Gartenhandschuhe an und reißt deine Angst mit der Wurzel aus. Was haben wir denn hier? Angst vor dem Verlassenwerden. Ah, und da? Angst vor Verrat. Und was noch? Vor Ablehnung. Tod. Auch wenn das ein sehr ungewöhnlicher Gedanke sein mag, das sind alles Energien. Deine Ängste können dir nichts anhaben. Reiß das Unkraut aus, das du als Erstes zu packen kriegst. Dieses Unkraut ist das, was ich deine Schwingungsdichte genannt habe. All diese Energien bilden einen verfilzten Wust, aber jetzt wird richtig aufgeräumt.

Und was kommt dann? Deine Geschichte – alles Wer und Was und Wo und Wann – spielt im Moment keine Rolle. Du reißt die Energie der Angst aus. Einfach die Energie, das ist alles. Wenn das ganze verknäuelte Wurzelwerk nicht mehr in der Erde ist, entsteht plötzlich Raum. Der fühlt sich nicht unbedingt sofort behaglich an. Aber wie *fühlt* er sich dann an? Vielleicht nach mehr Bewegungsfreiheit. Vielleicht so, als würden sich neue Chancen auftun. Wir werden das mit der Zeit herausfinden, jedenfalls verliert die Angst ihre Macht über uns, wenn wir uns ihr bewusst zuwenden. Unkraut ist nicht schlecht oder falsch. Es nimmt nur einfach Raum ein, der sich besser nutzen ließe.

MITTAG

Den Morgen-Abschnitt hast du vielleicht am Küchentisch bei einem schnellen Frühstück mit einer Tasse Kaffee gelesen. Vielleicht hast du auch schon in der Bahn gesessen. Jedenfalls geht es jetzt darum, dich mit Herz und Geist, mit deinem vollen Bewusstsein, auf die Energie der Angst einzustellen und auszurichten und sie im Verlauf des Tages im Auge zu behalten. Heute sollst du jeden Moment der Angstregung registrieren, und ich kann dir versichern, dass es einige geben wird.

Unseren alltäglichen Ängsten begegnen wir nämlich meist mit einer dieser drei Reaktionen:

- Wir laufen weg.
- Wir halten stand und kämpfen.
- Wir erstarren.

Vielleicht fällt dir eine Hausaufgabe ein, für die bis morgen noch zweihundert Seiten zu lesen sind. Oder du weißt, dass das Ergebnis der Untersuchung einer Gewebeprobe ansteht. Oder die Geschäftsreise, bei der du Frau und Kind zurücklassen und um die halbe Welt fliegen musst, um einen Abschluss zu sichern. Der erste Tag im neuen Job, das erste Date. Dieser Briefumschlag mit einer Rechnung, die du nicht begleichen kannst. Das Leben wird uns immer wieder, sehr zuverlässig, unsere Ängste unter die Nase reiben. Dann übernimmt der primitivste Teil unseres Gehirns das Ruder. Das in uns, was zur Abwehr übergeht, die Flucht ergreift oder erstarrt, folgt einer ganz ursprünglichen Instinktreaktion auf die Energie der Angst. Alles, was kreucht und fleucht, reagiert so, und zwar unabhängig davon, ob eine echte und ernst zu nehmende Bedrohung vorliegt oder nicht. Die Muskeln ziehen sich zusammen, der Atem wird flach, die Hände werden feucht, die Pupillen weiten sich, das Blut wird aus den Extremitäten abgezogen und ins Körperzentrum verlagert.

Gut, und wie weiter? Du kannst lernen, das einfach zuzulassen.

Sicher hast du einen bevorzugten Rückzugsweg, wenn die Angst wieder einmal akut wird. Sieh dir an, worin dein Rückzug besteht. Vielleicht kompensierst du diese unangenehme Energie mit einem gut eingeübten Verhaltensmuster: Du leugnest, du blähst dich auf, du wirst arrogant, lenkst dich ab, verkriechst dich. Wir alle haben unsere Überlebensmechanismen.

Bei mir ist es dieses aufbrausende *Das lasse ich mir nicht bieten!* Dann werde ich wieder der Halbstarke in London, der Wut zeigen muss, um sich durchzusetzen. Es kann eine Besprechungsrunde sein, in der jeder mehr über das gerade aktuelle Thema weiß als ich – immer wenn die Dinge nicht so laufen, wie ich sie haben will, falle ich leicht in dieses auftrumpfende Gebaren zurück. Ich muss mich dann über alles hinwegsetzen. Das ist meine uralte »Anpassungsreaktion«, die mein Überleben sichern soll. Es kostet mich Mühe, mich immer wieder bei diesem Verhalten zu ertappen und auf die Bremse zu treten. Wichtig ist, dass ich bemerke, was da abläuft, dass ich darauf vertraue, dass ich die Angst schließlich durch mich hindurchleite und dann weiterziehen lasse wie einen Fluss zum Meer.

Achte also heute einmal darauf, wie du in beängstigenden Situationen oder bei beängstigenden Gedanken reagierst. Will sich dein Ego aufplustern? Würdest du dich am liebsten verstecken? Greifst du nach irgendetwas, das Ablenkung verspricht? Schiebst du einfach alles weg und lässt den Rollladen herunter? Betäubst du die Angst mit Zigaretten, Telefonaten und dem hundertsten E-Mail-Check? Vielleicht lässt du dich auch auf gar nichts ein. Du steckst den Kopf in den Sand und hoffst, dass die Sache schon vorbeigehen wird.

Wichtig ist, dass du einfach bemerkst, was da geschieht. Ob heute nur *eine* beängstigende Situation eintritt oder es Dutzende sind, spielt keine Rolle. Du brauchst deine Instinktreaktionen nur zu bemerken, davon kommt alle Kraft. Und wenn du etwas bemerkst, ist es wichtig, dir selbst mit uneingeschränkter Liebe zu begegnen. Das Wahrnehmen signalisiert bereits das Ende des Kampfs. Nicht dass es dein Reptilienhirn nicht schaffen würde, sich auch in die neue Richtung wieder hineinzuschlängeln, das ist schließlich Schlangenart. Aber wenn du erst einmal darauf eingestellt bist zu bemerken, was in dir vorgeht, muss sich der Würgegriff der Angst lösen.

ABEND

Bis jetzt ist die unsichtbare Macht der Angst ständig um dich gewesen. Sie ist in jede deiner Entscheidungen eingeflossen, hat jede Wahl mitbestimmt. Sie ist der Knoten in deinem Herzen, der dir nicht erlaubt, uneingeschränkt zu lieben. Im entscheidenden Augenblick stellt sie sich quer, damit du nur ja nicht erkennst, wer du wirklich bist. Sie ist die Stimme in deinem Kopf, die Nein zu dir sagt. Sie ist der Nährboden der Niederlage, sie nimmt dir dein Geburtsrecht, sie raubt dir deine Lebendigkeit.

Die Angst hat dir gute Dienste geleistet.

Sie war dir ein guter alter Freund.

Bis zu diesem Augenblick.

Es wird Zeit.

Du bedankst dich und kündigst diese Freundschaft auf. Du brauchst offenere und empfänglichere Beziehungen, die mehr Ausdruck erlauben. Mehr Wahrheit. Du umarmst den alten Freund jetzt und sagst ihm Adieu: »Du bist lange Zeit bei mir gewesen. Du warst die Stimme in mir, so laut, dass ich andere kaum noch hören konnte. Du hast mir Schutz und Sicherheit geboten. Aber deine Arbeit ist nun getan, und ich muss jetzt gehen. Ich möchte nicht mehr da sein, wo dein Wort Gesetz ist. Ich wage den Schritt ins Unbekannte.«

Mit einer Verbeugung zeigst du deine Anerkennung für alles, was die Angst für dich gewesen ist und dir gezeigt hat. Denk noch einmal an den Garten von heute Morgen, und sieh dich zusammen mit der Angst in diesem Garten stehen. Schau dich voller Dankbarkeit darin um. Da ist ein altes, verrostetes Gartentor. Geh langsam durch diesen herrlich grünen Garten darauf zu und drück die eiserne Klinke. Jetzt gehst du durch die Tür und hörst noch, wie sie sich hinter dir knarrend wieder schließt und mit unmissverständlicher Endgültigkeit ins Schloss fällt. Du gehst einen gepflasterten Weg, die Natur ringsum noch grüner und voller Blüten. Du wusstest gar nicht, dass jenseits des Gartentors solch eine Welt existiert. Wende dich noch einmal um. Kommen dir Zweifel? Weißt du nicht, wer du ohne deinen alten Freund sein wirst? Nein, du weißt es nicht, du kannst es nicht wissen. Aber du bist bereit, es in Erfahrung zu bringen. Verabschiede dich von der Energie der Angst, die dir Sicherheit geboten und dich klein gehalten hat. Sie hat dir eingeredet, du seist hilfsbedürftig. Sie gab vor, dich zu unterstützen, doch tatsächlich war sie dir ein Klotz am Bein.

Siehst du, dass niemand im Garten ist? War er vielleicht sogar immer schon leer, ist vielleicht nie jemand anderer dagewesen?

2. TAG TRAURIGKEIT

MORGEN

Die Energie der Traurigkeit ist schwerer, sie hat ihren Sitz gleich unter der Angst. Angst bannt die Traurigkeit an ihren Platz. Sie hält uns davon ab, offen und ehrlich zur Kenntnis zu nehmen, dass wir unser gebrochenes Herz einfach nicht fühlen möchten. Die Angst ist ein Abwehrmechanismus, der die Traurigkeit beschwichtigt. Wir möchten sie nämlich lieber nicht an uns heranlassen. Wer fühlt sich schon gern hilflos? All die Verluste, der Kummer, diese ganze Lawine von Traurigkeit. Nein, freiwillig nimmt man das nicht auf sich. Von vielen Menschen höre ich, sie wollten ihren Schmerz lieber gar nicht erst fühlen, denn wer weiß, vielleicht könnten sie dann gar nicht mehr aufhören zu weinen.

Aber lass dir Folgendes gesagt sein: Es ist eine wunderbare Sache, traurig sein zu können.

Als Kinder haben wir gelernt, Traurigkeit sei ein Zeichen von Schwäche. Denk nur zurück. Hat man dich nicht auch manchmal Heulsuse genannt? Hast du dich deiner Tränen schämen müssen? Hat man dir beigebracht, dass man solche Gefühle einfach wegsteckt, tapfer lächelt, Kopf hoch und so weiter? Schau, genau das Gegenteil ist der Fall: Wenn du die dichte Schwingung, die du mit dir herumschleppst, je lösen möchtest, dann fühl einfach alles, was da zu fühlen ist. Was könnte schlimmstenfalls passieren? Gesteh dir zu, verwundbar zu sein, das ist wirklich wie eine Erlösung. Erst wenn wir uns nicht mehr gegen unsere wahre Natur abschirmen, fangen wir an, wirklich zu leben.

Traurigkeit und Schmerz haben etwas ganz Eigenes, eine besondere Klangschwingung oder Resonanz, könnte man sagen. Traurigkeit können wir leicht nachfühlen, schließlich kennen wir sie selbst sehr gut. Würden wir dieses Gefühl nicht verurteilen, könnte jeder es sich einfach zugestehen. Aber Traurigkeit gehört sich irgendwie nicht, schon in der Kindheit wird uns beigebracht, sie sei mit Schwäche gleichzusetzen, und folglich lassen wir sie nicht mehr zu. Aber wenn sie nicht gelebt werden kann, wird sie immer schwerer. Ihre Dichte in uns nimmt dann zu. Wenn wir uns die Körpersprache eines deprimierten Menschen ansehen, ist der Eindruck nicht von der Hand zu weisen, dass er eine schwere Last zu tragen hat. Seine Haltung hat etwas Gebeugtes. Er kommt kaum noch aus dem Bett – eher Trauerweide als Eiche.

Wir müssen lernen, unsere Traurigkeit anders wahrzunehmen und einzuordnen. Du hast Kummer, einen Verlust erlitten? Fließen Tränen? Gut so. Fühl das alles ganz und gar. Über sieben Milliarden Menschen auf diesem Planeten fühlen das wie du. Wer Traurigkeit von sich weist, beraubt sich seiner Ganzheit. Besser, du überlässt dich ihr. Atme. Nimm sie an. Sei mit Leib und Seele die Traurigkeit, denn so wird sie zum Segen. Wo sie angenommen ist, kann sie nicht mehr verurteilt werden. Lass diese Energie über dich hinwegrauschen, dann ist sie zwar sehr intensiv, doch gerade weil du sie fließen lässt, kann sie auch wieder abebben. Lass dem Leben seinen Lauf.

MITTAG

Wie schon Buddha sagte: Leben ist Leid. Aber es liegt auch Größe in diesem Leid – ganz abgesehen davon, dass es sich ohnehin nicht umgehen lässt. So erstaunlich es auch klingen mag, erst wenn wir unser Leid bejahen, stoßen wir auf unsere bebende, fühlende, empfängliche, sinnliche Lebendigkeit.

Wenn uns etwas traurig macht, bietet sich die große Chance, Wunden der Vergangenheit heilen zu lassen. Wir erleben ganz unmittelbar das, woraus unsere Geschichte gewebt ist. Nehmen wir an, dass du heute Morgen beim Aufwachen aus irgendeinem Grund oder ohne erkennbaren Grund traurig warst. Die gewohnte Reaktionsweise wäre es nun, dich diesem Gefühl gegenüber zu verschließen. Reiß dich zusammen, Mann! Mach dir einmal bewusst, was du für gewöhnlich tust, wenn dir zum Weinen zumute ist: Schluckst du die Tränen mitsamt dem Kloß im Hals runter? Oder lässt du die Tränen zu, die dir dann übers Gesicht laufen, echt und wahrhaftig und nicht zu verleugnen?

Gib dir einen Moment Zeit, und schließ die Augen. Fühlst du dieses Auf und Ab in dir, dieses Wogen? Auf den Wellen reitet etwas – ein Gefühl, das du gern auf Abstand halten möchtest. Was würde geschehen, wenn du es jetzt zulassen würdest? Stell es dir als ein kleines Boot vor, das von diesen Wellen hin und her geworfen wird, die immer in dir sind.

Dieses Boot ist fein verziert, sehr wertvoll und von großer Schönheit.

Lass dich auf deinem Weg, möglichst den gesamten Tag über, von morgens bis abends vom Leben berühren. Wenn du ein Kind siehst, das nach der Hand seiner Mutter greift, lass dein Herz sich öffnen, wenn ihm danach ist. Öffne dein Herz, wenn du jemanden siehst, der es in irgendeiner Weise schwer hat. Wenn du selbst eine Enttäuschung oder einen Rückschlag erlebst, lass es zu, dass dein Herz sich öffnet. Das ist der wunderbare Weg, durch den dein Leben reicher und vollkommener wird. Traurigkeit macht dich nicht kleiner. Vielmehr ist genau sie es, die dich als Mensch ganz sein lässt. Sie macht dich weit. Sie verbindet dich. Sie entfaltet deine ganze Schönheit – ungeschützt, offen und so ganz und gar lebendig.

Du lässt das Leben an dich heran, und wenn es dich berührt, erwiderst du die Berührung sanft und als der, der du eigentlich bist. Lass dein Herz eins sein mit den Herzen aller anderen ringsum. Da ist nichts, was verteidigt oder geschützt werden müsste. Erlaube dir für heute, in dieser Wahrheit zu bleiben. Deine Ungeschütztheit ist tatsächlich deine Kraft. Durch deine Traurigkeit bist du wahrhaft Mensch. Wenn du zur Arbeit gehst und deine kleine Tochter dir nachruft: »Tschüss, Papi, komm bald wieder!«, dann lass das Gefühl zu, lass dein Herz sich öffnen. Wenn du dann deinen Sohn vor der Schule verabschiedest und dein Blick kurz eine Mutter streift, die ihr behindertes Kind ins Gebäude begleitet, dann sieh hin. Lass dein Gefühl zu, gerade so, als wärst du es selbst. Denn du *bist* es. Am Markt bemerkst du dann ein altes Ehepaar, das gerade einkauft. Sie müssen wohl um die sechzig Jahre verheiratet sein und gehen Hand in Hand. Fühl hin. Auch das bist du. Schließlich fährst du noch am Friedhof vorbei, wo deine Eltern begraben liegen. Hunderte Grabsteine, so viele gelebte Leben. Fühl sie alle.

Solche Gefühle bringen dich nicht um. Sie setzen dich mit allem in Verbindung. Mit deiner Geschichte und den Geschichten all der anderen.

Lass alles einfach so sein. Heute zumindest lass der Traurigkeit ihren Lauf. Immer wenn du merkst, dass sich Herz, Körper oder Kopf vor etwas verschließen möchten, gib deinem Gefühl nach. Lass im Bauch los, atme tief in dein Herz. Achte auf diese weiche, empfindsame Stelle, die immer in dir ist. Sie wartet nur auf den Moment, in dem du sie endlich bewusst wahrnimmst. Lass diese Augenblicke nah an dich heran, um sie ganz zu erleben. Das ist das Wunder des Lebens.

ABEND

Ich bin die Tränen, die du nicht weinen möchtest. Ich bin nicht gelebtes Leben. Ich bin das vergebliche Bemühen, es jedem recht zu machen. Das Gefühl, dass du dich total verlaufen hast, auch das bin ich. Ich bin untröstlich. Ich bin das in dir, was du lieber gar nicht erst zeigst, damit es nicht zu einem reißenden Fluss werden kann. Damit gar nicht erst die Möglichkeit entsteht, dass du in mir ertrinkst. Ich bin das an dir, was du immer unter Verschluss hältst. Ich bin deine heimliche Geliebte. Ich teile dein Kissen mit dir, Nacht für Nacht. Ich bin in deinem Kummer. Ich bin in deinen Verlusten. Ich bin dein ganzes Leid. Was wärst du ohne mich?

Ich wohne in deiner Brust, ich ersticke dich von innen. Wenn ich mich rege, legt sich etwas wie Hände um deine Kehle und schnürt sie zu.

Ich mache dich sprachlos.

Ich raube dir die Stimme.

Du bringst dann nichts mehr heraus.

Du lässt nichts unversucht, um mich loszuwerden. Du trinkst oder rauchst oder brauchst ständig Sex oder isst dann zu viel. Doch, was du auch tust, du läufst mir nicht weg. Ich bin immer bei dir, in dir. Ich bin in allen Menschen. In ungeschützten Augenblicken wird es deutlich. In Beziehungen werde ich ganz gut spürbar. Ich erreiche ein Maß, das es dir nicht mehr erlaubt, mich tapfer runterzuschlucken oder zu verbergen. Es bleibt dir dann nichts mehr, als dir einzugestehen, dass es mich gibt.

Ja, mich gibt es. Ich bin hier. Ich gehöre zu dir. Dieses endlose Weglaufen – du kannst einfach nicht mehr. Gut so.

Ich war da, als deine Kinder zur Welt kamen. Ich war da, als deine Mutter starb. Ich war bei Beschimpfungen und Schlägen und traumatischen Ereignissen mit von der Partie. Ich war da, wenn die Welt genug von dir hatte und nichts mehr von dir wissen wollte. Auf dem Spielplatz, in der Cafeteria, im Umkleideraum. Ich war da, als die Tragödien in den Nachrichten gezeigt wurden: die niedergeschossenen Kinder, die in Hochhäuser krachenden Flugzeuge, die in Sex-Sklaverei verkauften Mädchen. Ich war der ungeladene Gast bei deiner Hochzeit. Ich war da beim Schulabschluss deiner Kinder. Als dein Hund starb, war ich da, als deine Enkel zur Welt kamen, als deine Frau starb – keinen Schritt deines Weges warst du ohne mich.

Ich bin deine Traurigkeit.

Ich bin deine Tränen, dein Verlust, dein Kummer, ich bin du, bis zu deinem letzten Atemzug. Mensch zu sein heißt, mich zu fühlen.

Also lass den Damm ruhig brechen. Gib mir Bewegungsfreiheit in dir. Komm heim zu mir, komm nur, ich muss dir etwas zeigen. Komm. Ich habe auf dich gewartet. Lass mich dir den Heimweg zeigen.

Sei offen für mich, lass mich fließen wie Wasser. Ich muss einfach frei sein. Fürchte mich nicht. Lass mich ziehen, wirklich, ich muss jetzt los. Du wirst mich immer fühlen, aber von jetzt an als Rückenwind oder wie einen See um dich herum, oder schlicht wie die Luft, die du atmest. Ich möchte immer in Bewegung sein. Halt mich lieber nicht fest, es würde uns beiden nur wehtun.

Lass mich frei.

3. TAG ÄRGER

MORGEN

Ärger mag ich. Wütende Menschen sind einfach traurige Menschen, die sich nicht gar so hilflos fühlen. Wie war das noch, als du das letzte Mal so richtig aufgebracht warst? In deinem Körper: diese Wellen von Energie, das kochende Blut, scharfes und sehr genaues Sehen, das Kribbeln in den Fingern. Ärger ist eine tolle Energie. Wenn genügend Leute von irgendetwas so richtig die Nase voll haben, lassen sich oftmals Änderungen durchsetzen. Wut als Energie kann sehr positiv sein, außer natürlich wenn sie sich mit einem feststehenden Urteil paart und dadurch selbst pervertiert, vielleicht zu Terror oder Krieg. Jedenfalls unterdrückt man den Ärger besser nicht. Lass ihn fließen. Lass zu, dass er dich wie ein Stromschlag durchfährt.

Stell dich der Energie, wenn sie in dir aufwallt, geh auf sie zu. Lass sie ihren Weg durch dich hindurch nehmen. Entgleisen und zerstörerisch werden kann sie erst, wenn sie unterdrückt und verdrängt wird.

Für mich haben Ärger und Wut etwas von einem Vulkan. Wenn sie sich in uns Bahn brechen und wir dabei neutral bleiben, fühlen sie sich wie etwas Fließendes an, und dann gibt es kein Halten mehr. Mit dieser neutralen Haltung erfahren wir unseren Ärger als das, was er ist, und geben ihm Raum. Wenn wir ihm offen begegnen, können wir ihm also getrost seinen Lauf lassen. Für gewöhnlich neigen wir aber eher dazu, ihn irgendwo in uns festhalten zu wollen – in der Kehle, im Bauch, in den Kiefern. Wenn er uns ereilt, möchten wir ihn meist doch lieber zurückhalten. Als fürchteten wir mögliche Folgen, wenn wir ihm nachgeben würden. Vielleicht wissen wir aus unmittelbarer Erfahrung, was unbeherrschte Wut anrichten kann, und vielleicht war es alles andere als schön, was wir da bereits mit ansehen mussten. Trotzdem, wenn wir dieser Energie Raum geben, kann sie sich naturgemäß entfalten und sich danach auch wieder legen. Es ist so, als würdest du deinen Wagen im Leerlauf rollen lassen. Da kannst du Gas geben, so viel du willst, du wirst niemandem schaden und keinen Unfall verursachen.

Dafür muss allerdings eine gewisse Bewusstheit vorliegen. Wenn in mir der Ärger aufkocht, trete ich für einen Moment innerlich einen Schritt zurück, um ihn zur Kenntnis nehmen zu können. Ich atme durch und lasse los, anstatt mich gegen diese Energie zu stemmen. Dann kann ich mir erlauben, dieses Wallen im Körper zu spüren. Es strömt durch mich hindurch – vielleicht dampfend wie bei diesen Comicfiguren, denen es aus den Ohren qualmt. Und dann ist es auch schon wieder vorbei. Es strömt durch mich hindurch und zieht dann seiner Wege. Niemand kommt dabei zu Schaden, auch ich selbst nicht.

Zerstörerisch wird diese Energie nur, wenn wir sie *auf* jemanden richten, schließlich ist unser Ärger ja wirklich *unser* Ärger. Wir sind wütend, weil wir nun mal wütend sind, und die Anlässe sind eigentlich nur willkommen zu heißen, denn je öfter wir unseren Ärger bewusst erleben, desto leichter pendelt er sich auf sein ungefährliches Normalmaß ein.

Sieh zu, ob du deinem Ärger kreativen Ausdruck verleihen kannst. Bewege dich körperlich. Ärger liebt es, sich körperlich auszuleben. Tief atmen, ein Kissen malträtieren, schreien (besser auch in das Kissen), bis die Stimme versagt. Warum denn nicht? Schreib alles in dein Tagebuch, wirklich, einfach hinrotzen, auch wenn du hundertmal »Ich bin sauer!« oder Drastischeres schreiben musst. Wut hat einfach diese körperliche Komponente. Sie ist eine umwerfende Energie – eine Bauchenergie. Bleib in ihrer Nähe, fühle sie, und zwar so, dass du den Ärgervorrat der Welt nicht auch noch aufstockst. Wenn der Vulkan in dir zu rumoren beginnt, nimmst du Tempo raus. Du nimmst lange, tiefe Atemzüge, spürst die Lava. Und seltsam, je mehr du der Eruption ihren Lauf lässt, desto leichter kann sie einfach ihren Weg durch dich nehmen und verpuffen, ohne Schäden anzurichten. Dann lässt dich dein Ärger gestärkt und selbstsicherer zurück.

Mittag

Nehmen wir an, du liest das hier auf deinem Smartphone, während du im Coffeeshop für deinen doppelten Vanille-Latte anstehst, und plötzlich drängelt sich jemand vor. Sagst du etwas? Wohl eher nicht. Aber der schlafende Drache tief in deiner Brust regt sich. Anschließend steigst du in deinen nagelneuen Wagen, erst letzte Woche abgeholt, und beim Einsteigen fällt dein Blick auf eine kleine Schramme an der

Fahrertür – sicher von dem Wagen neben dir, der sich in die zu kleine Parklücke noch reingequetscht hat. Der Drache hebt den Kopf. Aber jetzt musst du weiter, du bist sowieso schon spät dran. Vor dir fahren ältere Herrschaften, deutlich langsamer als erlaubt. Da solltest du Verständnis haben, ja, klar. Irgendwann wirst du ja auch mal alt sein. Stattdessen reicht es dir jetzt aber allmählich. Der Drachenschwanz zuckt verdächtig. Du kommst im Büro an. Die Besprechung hat schon begonnen, und sie diskutieren gerade *deine* Vorschläge und *deine* Anregungen. Der Drache speit Feuer, schnaubend, du fühlst es förmlich in deinem Körper. Du kochst, das Herz rast, Röte schießt dir ins Gesicht. Du bist auf hundertachtzig. Der ganze Tag wird von dieser Wut gefärbt sein, es sei denn … Es sei denn, du verstehst den Ärger und verarbeitest ihn anders als gewohnt.

Hoffen wir, dass dein Morgen nicht wirklich so oder so ähnlich verlaufen ist und du dem Tag noch gelassen entgegenschauen kannst. Das ist für mich die Gelegenheit, dir für alles Kommende eine Grundausrichtung ans Herz zu legen, nämlich die der Ehrlichkeit. Der Vordrängler im Coffeeshop *macht* dich nicht ärgerlich. Der Mensch auf dem Parkplatz, die älteren Verkehrsteilnehmer und deine Kollegen sind es auch nicht, denn der schlafende Drache ist ja immer schon da gewesen. Täuschen wir uns nicht darüber hinweg, dass unser Ärger wirklich zu uns gehört. Wir neigen dazu, den Leuten und ihrem Fehlverhalten die Schuld dafür zu geben, aber wir müssen uns bewusst machen, dass wir nie einfach Opfer der Umstände sind. Vielmehr macht uns jeder dieser Anlässe das kostbare Angebot, uns von unserem gewohnten Reaktionsverhalten freizumachen.

Wie oft kommt es in einer für dich ärgerlichen Situation vor, dass du als Einziger von deinem Ärger weißt? Wir wissen nicht, wohin mit unserer Wut. Wir fürchten sie, und so lähmt sie uns. Die wenigsten haben Vorbilder für einen sinnvollen Umgang mit dem Ärger. Zu oft haben wir erlebt, wie unnötig Geschirr zerschlagen wurde. Und zu oft warten wir viel zu lange ab – bis wir schließlich Magengeschwüre haben oder alles kurz und klein schlagen.

Irgendein kleiner oder großer Fall der oben beschriebenen Art erwartet dich sicher auch heute. Du wirst sauer, vielleicht mehrmals, vielleicht oft – weshalb solltest du auch davon verschont bleiben, weshalb irgendwer? Wir sind alle Menschen. Auch mir reißt dann und wann der Geduldsfaden, vor allem wenn ich das Gefühl habe, dass ich nicht für voll genommen werde. Ich bin als Junge schikaniert worden, und noch heute ruft jede Art von Respektlosigkeit meinen Drachen auf den Plan. Und das ist nicht irgendein Drache, der nur so ein bisschen schnaubt und Feuer speit. Nein, er würde manchen Leuten am liebsten den Kopf abreißen und ihn als Souvenir um den Hals tragen. Ich gebe mir wirklich alle Mühe, mich allem innerlich zu öffnen und alles anzunehmen, aber manchmal klappt das einfach immer noch nicht.

Immerhin, nach jahrelangen Mühen der Selbsterforschung habe ich es so weit gebracht, dass ich meinen Ärger kommen sehe und fühle. Dafür musste ich ganz neue »Schaltkreise« anlegen, denn diese besondere Empfindlichkeit ist einfach die Folge meiner frühen Programmierung. Wir machen wohl Fortschritte, doch das heißt nicht, dass die alten Empfindungen dann einfach weg sind.

In ärgerlichen Situationen ist es zunächst einmal wichtig, dass du merkst, was da passiert. Du machst es dir dann klar, und du fühlst es körperlich. Wo sitzt der Ärger? Wenn du die Stelle bestimmt hast, atmest du dort hin und entspannst dich. Tu nicht so, als wäre nichts. Nimm den Ärger voll zur Kenntnis. Dann lass ihm innerlich seinen Lauf. Wir müssen unserem inneren Drachen liebevoll begegnen. Fühl die Bewegung, vom Bauch aufwärts und nach außen – eben wie ein typischer Drachenhauch.

Achte darauf, wie oft du heute im Lauf des Tages dieses Verfahren anwenden musst. Es ist in Ordnung. Sehr gut sogar. Jetzt häufst du den Ärger nicht mehr in dir an. Du wendest dich ihm zu, sooft es eben nötig ist. Du erwischst ihn im richtigen Augenblick und lässt ihn los, wie ein Angler einen Fisch fängt und ihn gleich wieder aussetzt. Kein So-Tun-als-ob, kein Wegstecken, kein Reagieren. Beobachte dich und sieh, was passiert. Das ist Freiheit im Augenblick.

Abend

Ein schiefer Blick, ein falsches Wort, Verkehrsstau, nervige Kollegen, jemand fährt dir über den Mund, jemand schneidet dich im Verkehr, jemand will dich nicht sein lassen, wie du bist. Du siehst dich beengt, beleidigt, verraten. Etwas baut sich da auf in dir – und zuletzt bricht etwas so Urweltliches (du hättest nicht einmal Worte dafür) mit solcher Gewalt in dir los, dass kurz darauf alles in Schutt und Asche liegt.

Es lodert und faucht in dir, unberechenbar, mächtig und misstönend. Wenn du es sich selbst überlässt, kann es richtig finster und trostlos werden. Dieses Lodern ist die Folge all der Jahre, die du stumm geblieben bist. Du hast dich herumschubsen lassen. Du bist nicht gesehen worden. Gehört hat dich auch keiner. Du konntest nichts daran ändern und hast es schließlich auch nicht mehr versucht. Und so ist dieser innere Hochofen in dir entstanden, dessen fauchende, brüllende Flammen alles erfassen, alles verschlingen und jeden Augenblick deines Lebens beherrschen.

Es begann als Unmut.

Es baute sich schnell zu Verdrossenheit auf.

Im Lauf der Jahre summierte es sich zu immer mehr Ärger.

Und da es keinen Ausdruck fand, ist es jetzt Wut geworden.

Wut möchte sich befreien, und sie hat da ihre ganz eigenen Vorstellungen. Hat sie ihre Form erst einmal gefunden, dann entzieht sie sich unserer Kontrolle. Dann rasten wir aus. Sie ist rot glühend, im Kern wie flüssige Lava, Funken sprühend. Hitze geht in Wellen von ihr aus. Und sie ist immer da. Sie wartet nur auf passende Gelegenheiten. Und dann bricht sie mit aller Macht los.

Das Göttliche würde zu dir sagen: *Ich verstehe deinen Ärger. Ich verstehe deine Wut. Ich verstehe deinen Groll. Ich verstehe deine Enttäuschung wirklich ganz und gar. Ich verstehe diese explosive Seite an dir, die auch ihre Schönheit hat. Dir ist beigebracht worden, diesen Anteil deiner selbst zu verdammen, zu unterdrücken. Dabei ist er etwas sehr Menschliches. Er hat seinen Platz. Er gehört zu dir wie alles andere auch.*

Es ist nichts falsch an der Wut, sie darf sein. Sei getrost, dein Ärger tut deiner Menschlichkeit keinen Abbruch. Du bist seinetwegen nicht weniger spirituell oder weniger liebevoll. Eigentlich gibt er dir sogar etwas Liebenswertes. Denk an ein kleines Kind, das wütend ist. Das puterrote Gesicht, die zusammengekniffenen Augen, das Schreien mit weit aufgerissenem Mund. Hast du das schon mal beobachtet, ohne unwillkürlich schmunzeln zu müssen? Du glaubst, dein Ärger macht dich hässlich, aber so ist es nicht.

Er macht dich menschlich.

Ärger ist eine Energie wie jede andere. Emotionen, das Wort sagt es bereits, sind einfach Gefühlsregungen: Energie in Bewegung. Wenn du dieses Buch jetzt gleich weglegst und einschläfst, kannst du dir sagen, dass dein Ärger nicht unwillkommen ist, er darf seinen Platz haben. Verschließ dich nur nicht vor ihm. Wenn du ihn unterdrückst, tust du dir selbst weh. Verhärte dich nicht gegen ihn. Du kannst ihn fühlen, ohne in die Luft zu gehen. Ohne andere oder dich selbst zu kränken oder zu verletzen. Du kannst die Fäuste lösen, den Kiefer lockern. Gleich werden dir die Augen zufallen. Atme dreimal tief durch. Lass alle inneren Türen offen, damit die Lava sanft strömen kann, während du schläfst.

Träume deinen Ärger, und sei in Frieden, wenn du aufwachst.

4. TAG SCHULD

MORGEN

Die Palmen in der Nähe meines Hauses in Florida werden regelmäßig von Mottenschildläusen befallen. Sie sondern diesen klebrigen Saft ab, der auf alles im Umkreis der Bäume herabtropft. Diese Insekten haben es wirklich raus, wie man alles, aber auch alles unansehnlich machen kann. Schuldgefühle sind von der gleichen Art. Menschen, die an einem Schuldkomplex leiden, erlauben es sich nicht, wohlhabend oder glücklich zu sein, weil sie sich einbilden, sie hätten etwas ganz und gar Unverzeihliches getan. Das liegt natürlich in der Vergangenheit, und diese Menschen machen sich nicht bewusst, dass alles, was sie einmal getan haben, ihrem damaligen Bewusstseinsstand entsprach.

Schuldgefühle sind tückisch, sie nagen an uns. Und vielfach liegt die Schuld in Wahrheit gar nicht bei uns. Dieses Urteil wurde uns lediglich nach und nach eingetrichtert, vielleicht von den Eltern, vielleicht von der Kirche. Dann kreisen Gedanken in uns, die uns vorwerfen, wir hätten alles vermasselt. Es mag ja sein, dass wir einmal untätig zugesehen haben, wie jemand anderem etwas zugestoßen ist. Vielleicht haben wir geschummelt oder gelogen oder was auch immer.

Einerlei, diese Gewissensbisse verfestigen sich in uns, wenn wir sie nicht wieder abschütteln. Und zwanzig Jahre später schleppen wir diese Geschichten dann immer noch mit uns herum. Sie belasten uns nicht nur, sie behindern zudem auch unsere Entwicklung.

Ein schlechtes Gewissen erlaubt uns nicht, alles vom Leben Gebotene anzunehmen. Was es uns auch zukommen lassen möchte – Beziehungen, Chancen, Geld –, wir sabotieren das alles, weil wir sicher sind, dass es uns nicht zusteht. Wir bestrafen uns ständig, wissen aber eigentlich nicht, weshalb wir das tun. Empfundene Schuld zementiert das Gefühl unseres Unwerts, das so von einer Generation zur nächsten weitergereicht wird und sie wie ein zwischen ihnen gespanntes Seil miteinander verschnürt.

Dieses lässt sich jedoch durchtrennen. Nicht dass wir das Geschehene vergessen oder gutheißen müssten, aber das Schuldbewusstsein können und müssen wir auflösen.

Nimm alle sich schuldig fühlenden Anteile deiner selbst zusammen und umarme sie. Nimm etwas, was dir besonders schlimme Gewissensbisse macht, weil du immer noch daran festhältst. Vielleicht hast du als Kind im Laden an der Ecke Bonbons stibitzt oder dir später im Leben einen Seitensprung erlaubt oder davon geträumt. Erkennst du den großen Abstand, der zwischen damals und jetzt besteht? Du hast dich entwickelt, die Zeit hat dein Bewusstsein erweitert. Lass jetzt die Energie aus der Tiefe aufsteigen, die dich in deinem Schuldgefühl festhält. Dabei handelt es sich übrigens so gut wie immer um Traurigkeit. Vielleicht kannst du sie jetzt fühlen, ganz fühlen. Das Göttliche verurteilt dich nicht, es kennt nur Liebe. Wirf in dieser Liebe einen Blick zurück auf deine

Vergangenheit, sieh sie in einem weiten Raum, den du damals nicht hattest, als die Dinge geschahen, von denen du dich immer noch nicht lösen kannst. Du kannst nicht endlos deine eigene Geisel sein. Aber du kannst jetzt deinem jüngeren und weniger entwickelten Ich mitfühlend und gelassen begegnen. Heute würdest du die Dinge doch anders machen, oder nicht? Nimm dich selbst fest in die Arme. Lass es gut sein. Es ist in Ordnung, dich von all dem zu lösen und dann weiterzugehen.

MITTAG

Wenn du am Morgen aufwachst, nimmst du dir vielleicht – wie so viele – bewusst oder unbewusst etwas vor. Du willst freundlich und fürsorglich mit deinen Lieben umgehen, du willst ein besserer Mensch sein, du willst dich an deine Diät halten, auf das Glas Wein am Abend verzichten, die Kinder nicht anschreien, endlich dein Konto ausgleichen und nie wieder überziehen ... Und was passiert? Meistens brechen wir die uns selbst gegebenen Versprechen.

Mir selbst ist das gerade erst wieder passiert. Ich war auf Diät, und trotzdem habe ich mir eine zweite Portion genommen. Wie kann das sein? Nun ja, ich dachte, ich hätte noch Hunger. Da war ein Gefühl der Leere. Vielleicht habe ich mich vollgestopft, um mich nicht meinen Gefühlen zuwenden zu müssen. Jedenfalls habe ich mich danach gar nicht gut gefühlt. Ich war enttäuscht von mir, ich hatte mich gehen lassen, mein Versprechen gebrochen. War das womöglich der Beginn eines unaufhaltsamen Niedergangs, an dessen Ende ich mit hundertfünfzig Kilo …? Dieser Eintopf aus Ärger, Traurigkeit und Angst brodelte in mir, und die Aromen verbanden sich zu einer Energie, die es auf der Skala menschlicher Emotionen eigentlich nicht gibt: Schuldbewusstsein.

Wir kommen nicht damit auf die Welt, es ist nicht Bestandteil unserer Natur. Erst wenn wir unsere eigene Ganzheit kaputt machen, lernen wir Schuldgefühle kennen. Den heutigen Tag widmen wir dieser Energie. Im Laufe des Tages wirst du dir dieses Gefühl bewusst machen. Vielleicht kommt es so leise daher, dass du es erst einmal gar nicht als solches benennen könntest, zumal es wie gesagt nicht zu unserer ursprünglichen Ausstattung gehört. Es ist nur ein Indikator, ein Warnsignal: So lässt uns das Göttliche wissen, dass wir nicht mehr auf einer Linie mit uns selbst sind.

Vielleicht erinnerst du dich, wie du als Kind in der Schule deinen Kaugummi heimlich unter den Tisch geklebt hast. Vielleicht war es auch nicht genau das, aber irgendetwas hast du bestimmt ab und an ausgefressen. Als Erwachsene kennen wir unzählige Dinge dieser Art: Eis gleich aus der Vorratsdose naschen, flunkern, über Freunde tratschen, einen neuen Pullover eine Weile (mit Preisschildchen) tragen und dann doch wieder zurückgeben. Wir wissen in solchen Fällen gleich, dass wir uns dabei unterhalb unseres Niveaus bewegen, und in der Kluft zwischen dem, der wir gern sein möchten, und unserem tatsächlichen Verhalten nisten sich heimlich, still und leise Schuldgefühle ein.

Aber genau dadurch bekommen wir die unschätzbar wertvolle Gelegenheit, uns deutlich zu sehen und zu wachsen.

Wenn es dazu kommt, dass du deinen eigenen Standards nicht genügst, treten die Gewissensbisse nicht unbedingt klar erkennbar als solche auf, sondern verkleiden sich gern als Beschönigung und Selbstrechtfertigung (»War doch nur eine kleine Notlüge. Niemand ist dadurch zu Schaden gekommen. Im Laden merkt das doch keiner.«) Wir möchten uns nicht schuldig fühlen und lassen die Sache gar nicht erst an uns heran.

Das ist verständlich. Niemand möchte sich gerne eingestehen, dass er gegen seine eigenen Prinzipien verstößt, die damit verbundenen Gefühle sind einfach unangenehm. Aber heute wirst du einmal bewusst wahrnehmen, wie sich diese Energie anfühlt und in welchen Situationen sie sich regt. Sei dabei klar, ehrlich und offen. Dieser Weg wird dich zu dem zurückführen, was du eigentlich bist, zu deinem höheren Ich, dem unfehlbaren Kompass in dir. Im Laufe der Zeit wird dieser Kompass dich immer sicherer leiten.

ABEND

Du bist nicht mit Schuldgefühlen auf die Welt gekommen, nichts lastete auf dir. Die klebrige Masse des schlechten Gewissens ist erst nach und nach in dich eingesickert, bis du nach Jahren voll davon warst, übervoll. Mach jetzt einmal die Augen zu, um dir bewusst zu machen, wie Schuld sich eigentlich anfühlt. Zäh. Klebrig. Wo sie sich einmal festgesetzt hat, ist sie schwer wieder wegzubekommen. Wenn man davon loskommen möchte, arbeitet man sich wie in einem Sumpf eher noch tiefer hinein.

Du bist ein schlechter Mensch. Was du hast, steht dir eigentlich gar nicht zu. Du hättest anders handeln sollen. Du bist zu nichts zu gebrauchen. Du hast es vermasselt ... Kannst du das fühlen? Im Magen, im Bauch? Da wohnt die Schuld, manchmal macht sie sich als regelrechte Übelkeit bemerkbar. Sie ist ja auch giftig, ein höchst ungesunder Stoff, der von außen seinen Weg in dein Inneres gefunden hat.

Schuldgefühle verletzen, aber zum Glück sind es keine tödlichen Verletzungen.

Zuerst gilt es, die Verletzung zu fühlen. Ein Pfeil trifft dich, dann empfindest du bleierne Schwere. Dein Seitensprung. Eine Lüge. Wie du dein Kind angeschrien hast. Du hast deine Mutter nicht wie versprochen angerufen. Du hast üblen Tratsch verbreitet. Du hast eine Freundin hintergangen.

Ich stelle mir vor, dass du jetzt beim Lesen schon im Bett liegst, das Buch oder der E-Reader in deinen Händen steht aufrecht auf deiner Brust. Wie fühlt sich der Pfeil jetzt an? Oder die Pfeile, falls es mehrere sind? Vielleicht bist du regelrecht gespickt von ihnen.

Kannst du irgendetwas zurücknehmen, ungeschehen machen? Kannst du die Zeit zurückdrehen und die Dinge anders machen? Nein, das kannst du nicht.

Das muss dich aber nicht verzweifeln lassen, denn es ist nicht alles zu spät. Hier liegt vielmehr deine Chance, dich zu entwickeln, zu verwandeln, nachzugeben, zu verzeihen. Dich anzunehmen. Selbstbejahung ist das Einzige, was wirklich gegen diese Giftpfeile hilft. Kein Gift der Welt kann dem etwas anhaben, der sich selbst liebt. Nimm also diese Pfeile, einen nach dem anderen, und zieh sie aus deinem Körper. Es werden Narben zurückbleiben, schließlich handelt es sich um Verletzungen. Du wirst immer wissen, wie sich Schuld anfühlt, aber das ist etwas anderes als die Schuld selbst.

Narben verblassen mit der Zeit. Die Geschichten brennen nicht mehr gar so sehr auf der Haut, sondern verschmelzen mit der übergreifenden Geschichte deines Lebens, lauter kleine Anstöße, die dich genau an den Punkt bringen, an dem du jetzt gerade bist.

Finde zurück in die Liebe zu dir selbst mitsamt den Narben und allem anderen. In dieser Selbstliebe liebst du auch alle anderen, die Verletzungen dieser Art davongetragen haben. Du umarmst die Menschheit, wie es das Göttliche für dich vorgesehen hat.

Die Pfeile entfernt, das Gift neutralisiert. Wenn du jetzt einschläfst, betupfe noch einmal alle Narben mit Liebe. Sie sind deine Lehrmeister.

5. Tag Scham

Morgen

Scham und Schuld entstehen beide aus Urteilen, aber Scham bleibt stumm, Schuld nicht unbedingt. Unser Schuldbewusstsein tragen wir manchmal sogar vor uns her, während wir Scham lieber verschweigen. Wenn wir über unsere Gewissensbisse sprechen, suchen wir Zustimmung. Wir möchten uns reinwaschen, und so ziehen wir unsere beste Freundin oder den Bruder, die Schwester ins Vertrauen oder wir beichten Gott oder einem Geistlichen unsere vermeintlichen Sünden. Unsere Scham hingegen behalten wir lieber für uns. Wir schließen sie in uns weg wie in die hinterste Ecke eines Schranks und hoffen, dass unser Geheimnis nie »herauskommt«. Aber unser Leben prägt es trotzdem.

Was nicht ans Licht gelangen darf, beherrscht uns.

Alles Mögliche kann als beschämend empfunden werden – unsere sexuellen Vorlieben, der Körper überhaupt, Süchte, heimliche Gedanken. Sogar Reichtum kann beschämend sein, beispielsweise wenn man in eine reiche Familie hineingeboren wird. Scham hat so viele Gesichter. Sie ist gerissen, verstörend und mächtig, wie es auch in den Zwölf-Schritte-Programmen der Anonymen Alkoholiker anklingt.

Scham isoliert. Gegen Scham gibt es nichts Besseres als Nähe und Intimität. Ungeschützt und echt. Nur wenn wir nichts mehr zu schützen haben, können wir vom anderen auch etwas annehmen, wirklich annehmen. Wo wir uns einfach so geben, wie wir tatsächlich sind, kann sich keine Scham einschleichen. Aufrichtigkeit, auch wenn sie mitunter schwerfällt, erlöst und löst die Scham in uns, sodass sie nicht mehr schwer und dicht werden kann.

Schau dir im Spiegel einmal in die Augen. Atme, lass los. Wende den Blick nicht ab. Sieh das Heilige an dir, deine Seele, deine Wahrheit. Es ist das an dir, was nicht getrübt werden kann, die Verstrickungen des Lebens finden hier keinen Niederschlag. Sprich in dieser innigen Nähe zu dir selbst jetzt die Wahrheit aus, die auf keinen Fall ans Licht kommen darf. Deine tiefste Scham. Glaub mir, jeder einzelne Mensch auf dieser Erde hat sie. Sprichst du sie aus, kannst du sie loslassen, aber solange du stumm bleibst, nährst du sie nur und lässt sie immer dichter werden. Hier, mit dir allein, kannst du den Damm brechen lassen, den du aufgeschüttet hast, weil du dich für ganz furchtbar oder schrecklich peinlich hältst. Du bist damit nicht allein. Wir glauben alle, unsere Schande sei einmalig, doch dem ist nicht so. Es gibt keine Schande. Wir sind alle gleich.

MITTAG

Beim Blick auf die Überschrift dieses Kapitels hast du vielleicht gedacht: »Das betrifft mich nicht.« Schon das bloße Wort, Scham, löst unangenehme Gefühle aus. Wenn es deine ganz unmittelbare Reaktion war, dich nicht angesprochen zu fühlen und dieses Kapitel zu überspringen, ist es wahrscheinlich genau das, was du brauchst.

Jetzt denkst du vielleicht: »Ich doch nicht. Ich schäme mich nicht. Das habe ich alles längst aufgearbeitet.« Aber Scham ist hinterhältig, sie zeigt sich nicht offen, sie tritt in deinem Alltag nicht als Scham auf. Sie tritt als etwas auf, was du sicher gut kennst, als das Gefühl, dass dir nichts zusteht, weil du nichts wert bist.

Ja, ganz recht, kein Selbstwertgefühl. Wirst du jetzt hellhörig?

Eine Freundin oder ein Kollege macht dir ein Kompliment. Deine Schwester sagt etwas Nettes über dich. Dein Freund bringt dir Blumen mit. Und … du kannst das alles nicht annehmen. Es erreicht dich irgendwie nicht. Deine Körpersprache verrät ein Zurückzucken. Du ziehst den Kopf ein, wedelst mit den Händen, wehrst ab. »Aber nicht doch«, sagst oder murmelst du. Vielleicht wirst du rot. Deine Gefühle sind wie taub, bis auf eins: Es ist dir sehr peinlich.

Das ist Scham.

Scham ist wie eine Unterströmung, die dich in dem Glauben hält, dass dir nichts von der Fülle des Lebens zusteht. Irgendwo auf unserem Weg haben wir verinnerlicht und glauben seitdem, dass mit uns grundsätzlich etwas nicht stimmt. Scham gehört wie Schuld ebenfalls nicht zu den natürlichen menschlichen Regungen. Säuglinge und Kleinkinder kennen keine Scham. Wir müssen sie erst in uns heraufbeschwören – als Strafe dafür, dass wir nicht so sind, wie andere uns haben wollen.

Hier ein provokativer Gedanke: Wenn wir uns für unsere heimlichen Gedanken und Taten schämen, vergleichen wir unser Inneres mit dem Äußeren anderer, da wir ja nicht wissen können, was sie im Verschwiegenen denken und tun. Wir lassen uns nicht von dem erlösenden Wissen leiten, dass es bei den anderen ganz genauso ist wie bei uns. Unser innerstes Erleben, Denken und Verhalten ist in Wirklichkeit die Norm. Wir reden nur nicht darüber. Scham bannt jeden von uns in seine dunkle Ecke, wohin kein Tageslicht dringen darf.

Im Alltag erkennen wir die Energie der Scham am ehesten dann, wenn wir ablenken oder abwiegeln – und es bemerken. Mir ist das erst kürzlich wieder einmal passiert, und es war so krass, dass ich es einfach nicht übersehen konnte. Nach einem von mir geleiteten Retreat kam eine Frau auf mich zu und sagte, sie sei vor dem Retreat am Rande des Selbstmords gewesen und jetzt spüre sie wieder Leben in sich. Sie weinte sogar – und ich konnte das in diesem Moment einfach nicht an mich heranlassen. Ich konnte nichts von ihr annehmen. Äußerlich werde ich wohl richtig reagiert haben, aber ich verpasste die unschätzbar wertvolle Gelegenheit zu einer Seelenbegegnung mit einer Frau, die mir sagen wollte, dass sie mir etwas Wichtiges verdankte. Innerlich wiegelte ich mit fuchtelnden Händen ab: Nein, nein, ich doch nicht!

Achte an diesem kostbaren Tag, heute, einmal ganz bewusst darauf, wie deine Ablenkungsmanöver aussehen. Und wie oft du dich irgendwie verteidigst. Das kann sich als leichtes Unwohlsein oder Unbehagen äußern, als ein Gefühl von Peinlichkeit, als der Wunsch, dich aus dem Staub zu machen. Erkennst du dieses verlegene Lachen, dieses nervöse Lächeln oder Kichern? So sehen Ablenkungsmanöver aus. Achte auch darauf, dass Anschuldigungen und Kritik oft leichter aufzunehmen sind als Freundlichkeit und Lob.

Wenn du merkst, wie du etwas herunterspielen möchtest, unterbrich dich kurz und halte inne. Atme in dein Herz. Öffne deine Hände. Durch solche kleinen Gesten bist du eher in der Lage, Liebe, Zuspruch, Lob oder Hilfe anzunehmen, die kleinen Freundlichkeiten eines jeden Tages. Jemand bietet dir in der Bahn seinen Sitz an. Oder lächelt dir einfach im Vorbeigehen zu. Wir können ein schlichtes Lächeln nicht so ohne Weiteres annehmen, stimmt's? Innerlich läuft etwas ab, was bei bewusster Wahrnehmung etwa so klingen würde: *O Gott, du meinst doch nicht etwa mich? Wenn du wüsstest, was ich zu verbergen habe, würdest du mich nicht anlächeln.*

Scham lässt uns glauben, wir seien nicht liebenswert. Sie erlaubt uns nicht, um Hilfe zu bitten. Sie lässt uns in derselben alten Geschichte kreisen und kreisen.

Sei heute einmal bewusst aufnahmebereit. Deine Ablenkungsmanöver zeigen dir die Richtung. Scham ist für dich vielleicht eine Art kaum noch wahrzunehmender Grundzustand geworden. Zieh dich aus diesem unsichtbaren Strudel heraus. Das bedeutet, dass du heute diese verkrampften Fäuste löst und dieses verkrampfte Herz öffnest, um alles anzunehmen, was dir an Gutem begegnet.

ABEND

Ich bin dein Geheimnis. Ich bin das, was du tust, wenn sonst niemand da ist. Ich bin deine schuldbehaftete Lust. Ich bin das an dir, was du dir und anderen auf keinen Fall eingestehen möchtest. Du hältst mich unter Verschluss, allen Blicken entzogen. Du denkst mit Schrecken daran, was die Welt denken würde, sollte dein Geheimnis auffliegen.

Ich bin dein Ausweg und dein zweifelhafter Begleiter, deine Zuflucht, deine Liebe. Ich bin das, was du einzugestehen hättest, sofern das überhaupt infrage käme. Ich bin dein Zwiespalt und deine Ratlosigkeit, dein inneres Ringen. Ich bin deine Pornografie, deine heimliche Sexualität, dein nächtlicher Joint und deine versteckten Flaschen. Ich bin dein Kaufzwang, dein überzogenes Konto, deine Schlaftabletten, dein Herumschnüffeln. Ich bin alles, was dich lockt und abstößt.

Ich bin deine Scham.

Du glaubst, nur du bist so, nur du fühlst so, nur du handelst so, du allein. Niemand sonst hat vergleichbar Hässliches zu verbergen. Wenn ich dich gepackt habe, hörst du Türen zuschlagen und siehst Gitter vor den Fenstern. Du hast dir selbst ein Gefängnis gebaut und aus mir die Wände gemacht. Immer wenn du kurz davor stehst, mich freizugeben, mich einfach jedermann sichtbar werden zu lassen, tust du es doch nicht. Du schaffst es einfach nicht. Würden die Leute mich kennen, so denkst du, würden sie dir den Rücken kehren. Sie würden kein Verständnis dafür haben. Sie würden mit dem Finger auf dich zeigen und lachen, oder sogar Schlimmeres. Und so klammerst du dich an mich, als ginge es um dein Leben.

Ich will dir etwas verraten: Du kannst dich aus meiner Umklammerung lösen, wenn du dir eingestehst, dass es mich gibt. Sprich meinen Namen aus. Du weißt, dass du das möchtest, so unheimlich dir dabei auch ist. Du kannst auch flüstern, aber tu es jetzt gleich. Gib mir eine Stimme, auch mit dem Gesicht im Kissen. Niemand hört es. Und wenn es gehört würde, wäre es nicht schlimm. Alle würden verstehen, schließlich ist jeder vertraut mit mir.

Lass mich sichtbar werden. Hab keine Angst.

Du wirst sehen, dass du nicht allein bist. Wenn du verstanden hast, dass du wie alle anderen bist, dass Scham menschlich ist, kann ich dich freigeben.

6. Tag
Selbstverurteilung

Morgen

Ich bin dumm. Ich bin hässlich. Ich bin dick. Ich bin nicht liebenswert. Ich bin ein Idiot. Ich bin langweilig. Glück und Freude stehen mir einfach nicht zu … So oder so ähnlich geht das bei vielen Menschen gebetsmühlenartig den lieben langen Tag, sogar noch im Traum. Es ist, als hätten wir uns zum Richter über uns selbst gemacht, und jetzt thront er da oben in unserem Kopf und spricht unüberhörbar und unablässig. Es ist unser persönlicher kleiner Gerichtssaal, in dem wir uns schuldig sprechen und auch gleich geißeln können. Publikum entbehrlich.

Und dann wundern wir uns, wenn sich unser reales Leben solchen Urteilen beugt. Uns selbst bedenken wir mit Ausdrücken, die wir unserem schlimmsten Feind ersparen würden. Es handelt sich dabei um eine energetische Realität, eine Schwingungsrealität, und das Leben beginnt mit allem mitzuschwingen, was wir emotional aussenden. Deshalb bleibt es einfach nicht aus, dass uns alle Urteile, alle Kritik, alle Bewertungen, die wir uns selbst aufbürden, sofort auch im Außen widergespiegelt werden.

Was dein Verstand an Beweisen vorbringt, ist an den Haaren herbeigezogen. In der dritten Klasse hat deine Lehrerin vielleicht zu dir gesagt, deine Handschrift werde wohl immer unleserlich bleiben, und das war dir Anlass genug zu dem Urteil: »Ich bin dumm.« Jemand hat sich von dir abgewandt, als du zwanzig warst, was dich zu dem Schluss brachte: »Ich bin nicht attraktiv.« Deine Eltern haben sich scheiden lassen, als du noch ein Kind warst, und irgendwie wurde daraus: »Ich bin nichts wert.« Das alles sind nichts als Geschichten, die du dir selbst erzählst, frei erfunden, aber sie beherrschen dein Leben, eben weil sie von dir stammen.

Selbstverurteilung ist ein seelisches Leiden. Wer diese Krankheit hat, lebt tagein, tagaus in einer hausgemachten Hölle. Der Ausweg heißt Bejahung – die Brücke, die Herz und Kopf verbindet. Wenn wir uns annehmen und bejahen, anstatt bloße Meinungen zu verinnerlichen, die nichts mit dem zu tun haben, was wir tatsächlich sind, kann die Grundenergie wieder fließen. Solange wir über uns urteilen, frieren wir diese Energie gleichsam ein.

Versuchen wir es doch gleich einmal. Kannst du irgendeine Sache annehmen und bejahen, die du dir selbst bisher immer angekreidet hast oder die andere an dir kritisiert haben? Nimm zum Beispiel diese strammen Schenkel oder die verpatzte Führerscheinprüfung. Glaub für den Moment einfach nicht mehr an diese alten Geschichten. In den meisten Fällen stimmen sie ohnehin nicht mehr, und falls doch, erzeugst du mit deiner Selbstverurteilung nur diese Schwingungsdichte, die verhindert, dass die Energie tun kann, was sie möchte: sich ausdehnen nämlich und fließen.

Bei meinen Veranstaltungen sind manchmal Hunderte Frauen in einem Raum versammelt, und ich fordere sie auf, sich die Hände auf den Po zu legen. Dann bitte ich sie zu sagen: »Ich liebe meinen Hintern.« Da sind die Frauen erst einmal eher verlegen, nicht gerade beherzt. Ein bisschen peinlich berührt auch. Aber wir bleiben dran – und dann lockert sich die Dichte mit jeder Wiederholung etwas mehr. Wer bei uns hereinschauen würde, nachdem wir eine Weile geübt haben, der würde eine wild gewordene Horde stolzer, strahlender, selbstbewusster Göttinnen mit den Händen auf dem Hinterteil sehen, die sich so sexy und umwerfend fühlen, wie sie sind.

Die Liste deiner Selbstverurteilungen ist sicher lang, aber knüpf dir jetzt mal nur eine davon vor. Es muss ja nicht dein Hintern sein. Gib deinem Selbsturteil eine Stimme, die es in Selbstbejahung verwandelt. Ein kleiner Schritt genügt.

MITTAG

Beim Lesen des Morgenabschnitts warst du vielleicht noch ein bisschen verschlafen, halb im Traum, der anstehende Tag noch nicht recht in deinem Kopf. Es war still, friedlich und weit in dir.

Dann nahm der Tag seinen Lauf. Deine erste Tasse Kaffee. Eine kleine Meinungsverschiedenheit mit deinem Partner. Ein ernstes Wort mit Sohn oder Tochter wegen der Hausaufgaben. E-Mails lesen. In der Zeitung die Schlagzeilen überfliegen. Den bevorstehenden Tag durchgehen. Und an irgendeiner Stelle begann sich eine leise oder laute Stimme einzuschalten und dir Vorhaltungen zu machen, die bei näherer Betrachtung ständig in dir vorgehen, ob du es nun merkst oder nicht. »Ich bin immer so gestresst und erledigt. Ich bekomme nie eine Gehaltserhöhung. Ich werde immer in dieser Kammer von Büro arbeiten müssen. Ich ziehe doch immer den Kürzeren.«

Die wunden Punkte mögen bei dir anders aussehen, aber diese Richterstimme wird sie immer aufspüren und den Schorf abkratzen, damit die Wunden frisch bleiben und bluten.

Für heute lege ich dir ans Herz, auf diese Stimme aufmerksam zu werden. Da musst du schon genau achtgeben, sie verkleidet sich nämlich gerne als etwas anderes. Manches, was sie sagt, klingt so, als ginge es dabei um dein Wohl. Du möchtest es nur zu gern glauben. Sie kann auch so leise und zart und unmerklich sein, dass du sie kaum als störend wahrnimmst, während es sich dabei tatsächlich um den unablässigen Strom deiner Urteile über dich selbst handelt.

Diese urteilende Stimme wechselt ihre Themen mit den Umständen, immer jedoch sorgt sie für eine zunehmende Dichte der Energie und der Schwingung.

Neulich war ich mit einem Freund joggen und wurde in ziemlicher Entfernung von meinem Haus auf eine plötzliche bleierne Schwere in meinen Beinen aufmerksam. Ich dachte schon, ich würde es nicht mehr bis nach Hause schaffen. Mein innerer Richter hatte mir bereits den Prozess gemacht und mich schuldig gesprochen, bevor auch nur die Rede davon sein konnte, was eigentlich los war. Ich jogge noch nicht lange und in dem Moment versicherte mir die innere Stimme sehr glaubwürdig, das Ganze sei einfach lächerlich. Mir taten die Knie weh. Die Sonne brannte nur so herunter, schließlich befanden wir uns in Florida. Was machte ich mir eigentlich vor? Dass ich sportlich sei? Dabei bin ich doch einfach ein etwas pummeliger Typ aus East London!

Ich bin voll darauf reingefallen. Das war das Ende! Aber mein Freund erinnerte mich daran, dass ich es früher auch schon zurück nach Hause geschafft hatte. Ich würde es auch heute wieder irgendwie schaffen. Tatsächlich konnte ich mich von meinem inneren Geplapper abwenden und auf meinen Freund hören, und dann war auch plötzlich wieder Energie da. Die Schwerkraft des inneren Monologs, die mir zehn Kilo mehr auf die Füße zu laden schien, war mit einem Mal neutralisiert.

Unsere inneren Selbstgespräche beeinflussen uns sehr stark. Sie wirken sich nicht nur auf unsere Stimmung und unseren Körper aus, sondern in jedem Augenblick unseres Tages sind sie präsent und daher auch mitverantwortlich für alles, was sich so ergibt.

Irgendwann wird dir heute auffallen, dass du wieder eine solche Schleife der Selbstverurteilung drehst (und wenn du nicht völlig anders bist als wir übrigen, wird das mehrmals oder sogar richtig oft der Fall sein). Nimm dir einen Augenblick Zeit, um zu erforschen, was da in der Tiefe tatsächlich vorgeht. Aus welcher Form von Schwingungsdichte kommt dein innerer Monolog? Traurigkeit? Angst? Ärger? Scham? Schau nach, überzeuge dich selbst. Nimm dieses Gerede nicht so ernst, dass es dich ausbremst. Nichts davon trifft wirklich zu, aber Selbstverurteilungen können so entmutigend wirken, dass wir sie gar nicht mehr loszuwerden versuchen. Also, was steckt dahinter? Hätte ich beim Joggen in der brütenden Hitze schlappgemacht und mich der »Versager!« schreienden Richterstimme in mir gebeugt, wäre zweierlei passiert: Erstens hätte diese Stimme den Sieg davongetragen, und zweitens hätte ich keine Chance gehabt, mir die Angst und Traurigkeit in der Tiefe bewusst zu machen.

Aber es lief dann tatsächlich so: Ich erkannte dieses Gefühl von zehn Kilo Mehrgewicht schon beim Laufen als Angst und eine gewisse Traurigkeit, die mich beschleicht, wenn ich meinen gewohnten »Komfortbereich« verlasse. Ich konnte mich also der Energie annähern, die hinter meinem negativen und lähmenden Urteil stand, und mit diesem Kontakt fing sie auch schon an, sich aufzulösen, sodass ich ohne Weiteres bis nach Hause traben konnte.

Kein Gedanke überlebt lange ohne die Energie, die ihm Kraft zuführt.

Abend

Stell dir vor, du betrachtest dich in einem Vergrößerungsspiegel. Jede Falte, jede Pore, jeder noch so kleine Makel bekommt so erschreckende Ausmaße, dass du dich selbst nur noch abstoßend finden kannst. Scheußlich. Unausstehlich.

Das geht nicht nur dir so. Könntest du die Denkblasen über den Köpfen der Leute auf der Straße oder in ihren Autos sehen, wüsstest du, wie hart sie mit sich ins Gericht gehen, die Gedanken schwirren nur so herum wie lauter Staubteilchen. »Ich bin eine Null. Jämmerlich. Hässlich. Dick. Dämlich.«

Und das glauben wir dann auch noch.

Aber du könntest auch jemandem begegnen, der so voller Licht ist, dass bei ihm einfach keine Gedankenblasen zu finden sind. Solche Menschen stehen unter einem Schutz, sie sind immun. In ihnen lebt die Liebe so voll und ganz, dass für nichts anderes Platz bleibt.

Du kennst solche Menschen. Vielleicht bist du sogar selbst einer. Sie fühlen sich wohl in ihrer Haut. Der kollektive Wahn und Lärm lenkt sie nicht mehr von ihrer eigenen wahren Größe ab. Die Stimmen der Beschimpfung und Herabsetzung werden nicht mehr laut in ihnen. Sie glauben die Lügen nicht länger.

Das Göttliche möchte, dass du um deine Schönheit weißt. An dir ist nichts auszusetzen, du genügst allen Ansprüchen.

Wenn du dieser Selbstbejahung Raum in dir gibst, wird sie wachsen und blühen, bis du dir nichts anderes auch nur vorstellen kannst. Keine Verurteilung dringt noch zu dir durch, du bist geschützt. Aber dieser Schutz ist kein Panzer, nichts Äußerliches und Abweisendes. Es ist ein weicher, fließender Schutz aus Licht.

In diesem Meer von fließender Schwingung gehen die Worte und Meinungen anderer einfach durch dich hindurch. Die Gedankenblasen, auch deine eigenen, finden nichts zum Andocken. Es ist einfach nicht mehr möglich, dass sich irgendwelche Urteile an dich heften, du kannst in aller Seelenruhe diesem Fließen zuschauen. Fühl dich, während dir jetzt die Augen zufallen und du die Decke bis ans Kinn hochziehst, so von Liebe und Licht erfüllt, dass nichts anderes an dich herankommt. Ringsum ist Licht, du rekelst dich darin, du weißt, es ist da, ein Leuchten, das dich auch innerlich ausfüllt. Wenn du morgen früh aufwachst, merkst du sicher, dass die Last der Urteile längst nicht mehr so drückt. Du bist heiter beschwingt. Du bist Licht und ganz präsent, ein Segen für dich und die Welt ringsum.

7. Tag Muster

Morgen

Hast du je in einem dieser großen alten Gebäude mit weitem, rundem Treppenhaus gestanden, wo man vom Fuß der Wendeltreppe aus bis ins oberste Stockwerk sehen kann? Das hat viel von unserem Leben. Mit jeder Stufe bekommen wir einen immer besseren Überblick, aber während die Anzahl der Treppenstufen und Etagen in einem Gebäude begrenzt ist, führt die Wendeltreppe des Lebens uns in immer größere Höhen – sie ist endlos.

Wenn wir bestimmte Zyklen und Muster in unserem Leben entdecken, haben wir den Impuls, sie zu durchbrechen. Aber Muster haben ihren Grund. Sie wollen uns etwas sagen. Letzten Endes ist es gut, den Wert unserer Muster zu erkennen, denn alles in unserem Leben zielt auf Veränderung und Entwicklung, auch wenn es für uns nicht immer gleich so aussieht.

Vielleicht kommt es dir so vor, als würdest du immer wieder auf derselben Stufe stolpern – Geld, Sex, schwere Enttäuschungen, großer Kummer. Tatsächlich aber handelt es sich dabei um immer neue und andere Stufen ein Stückchen weiter oben auf der Wendeltreppe.

Mit jedem Atemzug steigst du auf dieser unendlichen Treppe etwas höher, und mit jeder Stufe kannst du dir zu deiner Erleichterung bewusst machen, dass du niemals denselben Augenblick noch einmal erleben wirst. Wenn du stolperst, kannst du dich ein paar Atemzüge weiter schon wieder frisch und wie runderneuert fühlen. Bewusstsein und Erfahrung sind immer einzigartig und neu: Du betrittst ein und dieselbe Stufe nie ein zweites Mal.

Wir alle haben wiederkehrende Themen in unserem Leben, Muster eben. Wieder den Falschen geheiratet, wieder diese fünf Kilo ab- und dann wieder zugenommen, wieder kaum genug Geld, um über die Runden zu kommen. Solche Grundthemen und Muster entwickeln sich mit der Zeit, und was dich mit zwanzig schier erdrückt hat, kann mit siebzig befreiend wirken. Mit siebzig siehst du alles von einer höheren Warte aus. Du befindest dich weiter oben im Treppenhaus, und wenn du hier stolperst und hinfällst, bedeutet es etwas ganz anderes als damals.

Versetz dich einmal in die Zukunft und schau von dort aus auf dich zurück; sieh dich aus dieser Warte, wie du hier und jetzt bist. Vielleicht sitzt du gerade auf dem Sofa, hast die Füße hochgelegt und liest dieses Buch. Oder du sitzt in der S-Bahn. Vielleicht hast du kleine Kinder, die am Boden herumkrabbeln, oder deine Kinder gehen schon zur Uni oder du hast gar keine. Vielleicht kreisen deine Gedanken darum, dass zu wenig Geld auf dem Konto ist, was es wohl zum Essen gibt oder ob du nicht Vegetarier werden solltest. Und vielleicht hat es eben zum hundertsten Mal den gleichen Streit mit deinem Partner gegeben. Für den Moment aber stehst du weiter oben auf der Wendeltreppe und blickst aus der Zukunft auf dich zurück. Der Blick von einer höheren Warte aus genügt manchmal schon, um ein Muster zu durchbrechen. Was siehst du? Ist irgendetwas, was dir heute zu schaffen macht, auch von dort aus noch wichtig? Wir wissen aus Erfahrung, dass dem nicht so ist. Das ist der Segen des größeren Blickwinkels und der zunehmenden Bewusstheit.

MITTAG

Aus den Mustern unseres Lebens kann mit der Zeit Trott werden: Wir schlafen jeden Abend auf derselben Bettseite ein, unser Weg zur Arbeit ist jeden Tag der gleiche, der gleiche Zug, das gleiche Auto. Die Leute, mit denen wir reden, sind auch immer dieselben, und wir haben unseren Lieblingsbecher, aus dem wir immer unseren Kaffee trinken. Wir stellen unseren Kindern immer das gleiche Frühstück hin und melden uns am Telefon so, wie wir es immer tun. Gewohnheiten können so selbstverständlich werden, dass wir nicht mehr merken, wie sie sich automatisiert abspulen.

Das sind einfache Beispiele, und viele sind auch ganz zufrieden mit einem so absehbaren Leben. Es gibt aber noch andere Muster, die schwerer zu erkennen sind und uns große Probleme machen können. Nehmen wir beispielsweise an, du fühlst dich zu emotional unzugänglichen Menschen hingezogen. Doch dann stirbt dein geliebter Onkel, und du fragst dich ratlos, weshalb keiner deiner Freunde dich auch nur zur Beerdigung begleitet. Oder du lässt dich immer wieder auf Typen ein, die dich dann betrügen, sogar wenn ihre letzte Ehe gerade erst wegen ihrer Seitensprünge geplatzt ist.

Bei solchen Mustern treffen wir unsere Wahl unbewusst. Wir haben jedoch immer die Möglichkeit, auf unsere Motive und unbewussten Entscheidungen aufmerksam zu werden. Von da an werden wir mutiger, liebevoller und freier in unserer Wahl.

Sobald wir unsere Muster klar erkennen, stehen wir vor einer ganz neuen Entscheidung: Gehen wir neue Wege oder bleiben wir auf dem bereits ausgetretenen Pfad?

Mein Onkel hat in meiner Kindheit manchmal zu mir gesagt: »Sei kein Roboter.« Ich war sieben und wusste nicht, was er damit meinte, aber seine Worte klingen bis heute in mir nach. Später stellte ich fest, dass die Menschen, die Erwachsenen, sehr häufig immer wieder den gleichen Tag durchleben. Die Jahre ziehen ins Land, und nichts verändert sich. Dieses maschinenartig immer Gleiche ist verlässlich und mag etwas von Geborgenheit haben, aber richtig lebendig wirkt es nicht auf mich. Ihr eigener Wunsch nach Stabilität erdrückt sie. Ihr Licht ist gedimmt, ihre Muster sind ein Netz geworden, das sie einschnürt.

Eine Freundin, die in einem Vorort von New York aufgewachsen ist, erzählte mir einmal, ihre Eltern hätten Freunde im Ort, die noch kein einziges Mal die Innenstadt gesehen hatten. Das muss man sich mal vorstellen! Da lebt man in unmittelbarer Nähe einer der größten Metropolen der Welt und ist so starr vor Angst und Unsicherheit, dass nicht einmal die Neugier einen in die Stadt treibt. Vielleicht ist das die Roboterexistenz, von der mein Onkel gesprochen hat.

Deine Aufgabe für heute sieht so aus: Dein Mittagessen soll heute einmal nicht vor dem Computer oder am Schreibtisch stattfinden, sondern du gönnst dir eine richtige Pause.

Brich mit einer nebensächlichen kleinen Gewohnheit. Vielleicht lüftest du dein Inneres damit ein bisschen, wie wenn Luft durch ein geöffnetes Fenster ins Zimmer streicht und du ihren Hauch spüren kannst. Solltest du also normalerweise am Arbeitsplatz Mittag essen, wirst du heute mal eine Kollegin oder einen Kollegen einladen, dich in einen Imbiss oder ein Café in der Nähe zu begleiten, vielleicht auch einfach auf eine Parkbank. Wie könnte sich diese Unterbrechung der Tagesroutine auswirken?

Und du kannst auch mal darüber nachdenken, worin eigentlich deine tieferen Muster bestehen. Falls du beispielsweise den Blickkontakt mit einem bestimmten, ranghöheren Kollegen normalerweise meidest, nimm dir für heute einmal vor, ihn zu grüßen. Wenn du sonst nie etwas Spontanes tust, überrasche deine Frau heute mit einem kleinen Geschenk oder mit Theaterkarten. Und achte dann darauf, wie solche kleinen Variationen des Alltagstrotts deine Sichtweise des Ganzen verändern.

Irgendwie musst du aus deinen eingefahrenen Geleisen ausbrechen und dazu auch Risiken eingehen, sonst wirst du nie erfahren, was das Leben noch alles für dich bereithält.

Abend

Wir unterteilen unser Leben in Minuten, Stunden, Tage, Wochen, Monate und Jahre. Erst sind wir Babys, dann Kinder, Teenager und junge Erwachsene, bis wir ins mittlere Alter kommen und schließlich alt werden. Aber das, was wir als Zeit ansehen, gibt es eigentlich gar nicht. Zeit ist ein Gedankengebilde, ein Konstrukt unseres Denkens. Die Dimension der Energie und des Geistes ist zeitlos. Unser Leben ereignet sich wie »alles auf einmal«. Deshalb haben wir auch in jedem Augenblick Zugang zu allem, was wir sind. Wir können auch Anschluss an unser höheres Ich finden. Mehr Verbundenheit. Mehr Liebe.

Sieh dich einmal am oberen Ende der langen, prächtigen Wendeltreppe, von der heute Morgen die Rede war. Beim Blick über das Geländer siehst du unter dir Stockwerk um Stockwerk um Stockwerk. Von hier aus erfasst du mit einem Blick sämtliche möglichen Stolperstellen, den schimmernden Handlauf mit seinen eisernen Streben. Über dir eine wunderbare Kuppel aus farbigem Glas. Darüber die Unendlichkeit.

Könnten wir unser Leben immer mit den Augen unseres höheren Ichs sehen, wüssten wir, dass diese Wendeltreppe unser Weg ist und unser kleines begrenztes Muster zu einem übergreifenden Muster gehört. Von dieser Warte aus überblicken wir unseren gesamten Weg und können mitverfolgen, wie sich unser Leben abspielt.

Von dieser obersten Stufe aus können wir uns auch selbst Anleitungen geben. Wir können uns klarmachen, dass selbst Tiefschläge ihr Gutes haben. Es ist völlig in Ordnung, zu stolpern und hinzufallen. Jeder Sturz hebt uns auf eine neue Ebene der Schwingung. Könnten wir dieser Dynamik vertrauen, hätten wir nicht mehr all die Befürchtungen.

Vertraue deinen Mustern, die so einzigartig sind wie jede einzelne Schneeflocke. Deine Muster enthalten alles, was du zu lernen hast, auch alle Gründe für deine Geburt in diesem Körper, für diesen Augenblick. Diese Muster, das bist du.

Von dort oben streckst du jetzt deinem jüngeren Ich eine Hand entgegen, dem Ich, das gerade dieses Buch liest. Als dein höheres Ich sagst du, dass alles gut ist, wie es ist, wirklich alles. Du wirst weitergehen, in Windungen aufwärts. Dabei wirst du auch stolpern und stürzen, und selbst wenn diese Stolperfallen oft recht ähnlich aussehen, so spielen sie sich doch auf verschiedenen Windungen der Treppe ab. Während der Schlaf jetzt langsam über dich kommt, blicke noch einmal voller Liebe und Verständnis auf dich herab. Sieh dich in all deiner Schönheit und vollkommenen Unvollkommenheit. Sag dir noch einmal, dass deine Muster dein Weg sind, eine Art Partitur dieses großen Abenteuers Leben.

8. Tag Sucht

Morgen

Sucht ist bei näherer Betrachtung eigentlich Ablenkung. Alles, was uns von dem ablenkt, was gerade geschieht, ist Sucht. Wir könnten auch sagen, Sucht sei ein Ausweichen. In unserer Gesellschaft denken wir bei Sucht an Drogen, Alkohol, Sex, Glücksspiel und ähnlich Vordergründiges, aber letztlich kann so gut wie alles zur Sucht werden. Wenn wir gegen die Sucht etwas ausrichten möchten, müssen wir sie erst einmal umbenennen. Das bloße Wort ist so gewaltig, so schwer, so ernst, ein Schandmal. Wer könnte mit so etwas allein und aus eigener Kraft fertigwerden? Zucker, Koffein, Sport, soziale Medien, Internetshopping, Telefon, E-Mail, Putzwut – wenn wir all das bei seinem richtigen Namen nennen, Ablenkung, können wir es unter dem Gesichtspunkt betrachten, ob es dem Leben dient oder nicht.

Das Leben voll und ganz zu leben heißt, dass du in Verbindung mit der Energie bleibst, die in allem ist. Oft genug läuft es aber eher so: Wir haben Angst, wir sind traurig, deprimiert, wütend oder neidisch, vielleicht auch froh, und dann greifen wir nach der Familienpackung Schokobohnen oder der Flasche Wodka im Kühlschrank oder wir surfen im

Internet, um zu schauen, ob diese Prada-Stiefel nicht endlich reduziert zu haben sind. Mit all dem weichen wir unseren Gefühlen aus. Und was passiert, wenn wir das tun? Richtig, die Schwingung verdichtet sich, Stauung entsteht, nichts kann mehr fließen.

Erlauben wir uns dagegen, die Energien im Hintergrund zu fühlen, anstatt uns auf Suchtverhalten und Ablenkung zu verlegen, werden die Kräfte nach und nach verfliegen, die unser Suchtverhalten antreiben. Dann wird auch das Verhalten selbst aufhören – wie eine Petroleumlampe nicht mehr leuchten kann, wenn ihr der Brennstoff ausgeht.

Was sind deine Süchte? Um dem auf den Grund zu gehen, fragst du dich am besten, wie du Gefühlen ausweichst. Schreib auf, was dir dazu einfällt, aber ganz spontan, ohne dich zu zensieren oder deine Einfälle zu hinterfragen. Nimm bei dieser ganzen Suchtfrage den Druck raus. Es muss nicht unbedingt eine halbe Flasche Whisky am Tag sein, Sucht kann sich auch ganz anders äußern. Vielleicht bist du ja süchtig nach Ratgebern. Beschäftige dich einmal in aller Ruhe mit dieser neuen Art, dich nach den Gründen für dein Ablenkungsverhalten zu fragen. Gut möglich, dass du dabei auf Überraschendes stößt. Bewusstsein ist der erste Schritt, wenn es darum geht, alte Zyklen zu durchbrechen.

MITTAG

Da du jetzt dieses Buch liest, hat etwas in dir den Wunsch nach Bewusstheit. Sonst würdest du es kaum in Kauf nehmen, dich Tag für Tag der tiefen Sondierung deiner Angst und Traurigkeit, deines Ärgers, deiner Schuldgefühle, deiner Selbstverurteilung und deiner Muster zu widmen.

Du möchtest fühlen, sonst wärst du nicht hier. Aber das Fühlen kann einen manchmal auch überfordern, das schiere Gewicht der Emotionen erdrückt einen fast. Erinnere dich bitte einmal an einen Moment, in dem du richtig wütend warst. Oder traurig. Oder einfach nur froh.

Das ist nicht unbedingt leicht auszuhalten, habe ich recht? Wir lassen uns meist nicht so gerne rückhaltlos fühlen, einfach weil wir befürchten, dass dann etwas mit uns durchgeht.

Dieser Tag hält wie jeder andere noch große und kleine Herausforderungen für dich bereit. Du könntest deinen Job verlieren, dein Kind könnte von der Schule fliegen, dein Ehepartner könnte fremdgehen, ein Mensch, der dir am Herzen liegt, könnte sterben. All das ist möglich, wenn auch nicht wahrscheinlich. Eher wird der Tag seine Kleinigkeiten mit sich bringen. Kleine Korrekturen sind nötig, kleine Kränkungen und Enttäuschungen einzustecken. Sicher wird es auch etwas zu lachen geben. Nette, vielleicht liebevolle Begegnungen. Nervige Zeitgenossen. (An denen mangelt es nie!)

Was tust du dann? Machst du die Augen auf? Fühlst du mit ganzem Herzen? Lässt du alles zu, jedes Detail?

Oder greifst du zu den bewährten Gegenmitteln – Zigarettenpause, Klatsch und Tratsch am Telefon, Surfen im Internet, Überfall auf den Kühlschrank und so weiter?

Versuch doch mal standzuhalten, und sei es auch nur heute. Das sind alles Süchte. Die meisten bringen dich nicht um, bei einigen könnte das allerdings schon der Fall sein. Alle gleichen sich aber darin, dass sie dir das Leben aussaugen.

Also lass das Leben heute einmal an dich heran, ohne gleich die Notbremse deiner gewohnten Patentlösungen zu ziehen. Wenn dich jemand aufregt, spüre einfach deine Gereiztheit. Wenn dich jemand kränkt, sei traurig darüber. Und wenn sich Freude in dir regt, dann atme sie. Auf diese Weise entwickelst du emotionale Intelligenz.

Ring dich dazu durch zu fühlen, ohne Ablenkung, ohne Sicherheitsventil. Lauf nicht weg, es ist nicht nötig. Sicher möchtest du zurückzucken, wenn etwas beißt oder scharfe Kanten hat. Aber wenn du wegläufst, kannst du die Schatztruhe mit den funkelnden Juwelen nicht finden. Eigentlich läufst du vor dem Leben selbst davon.

ABEND

Es beginnt mit Schmerzen, aber worin besteht die Verletzung, die den Schmerz verursacht? Schmerzen sind ja nicht grundlos da. Schmerz lässt uns nach Lösungen suchen. Wir greifen nach einem Strohhalm, wir konsumieren, wir betäuben uns mit allem Möglichen, was uns irgendwie geeignet erscheint.

Der Schmerz hört erst auf, wenn er sein Futter bekommt. Drei Wodkas oder Schmerztabletten, eine ordentliche Portion Eis oder die Haschischpfeife, der gerollte Hunderter zum Schnupfen, die Nadel, das selbst herbeigeführte Erbrechen oder der Internet-Porno.

Deine Süchte können auch ganz anständig aussehen, aus der Ferne vielleicht sogar gesund: Stunde um Stunde in der Muckibude, die Waage und immer wieder die Waage, der perfekte Haushalt, in dem auch nicht *ein* Kissen aus der Reihe tanzt.

Aber was genau geht da vor sich, wenn dieser Schmerz kommt? Was möchten wir dann eigentlich? Schnaps, Drogen, Diäten und Perfektionismus sind ja nicht gar so lustvoll und befriedigend, nur für den Moment tun sie so, als wären sie es. Im Nachhinein stellen sie sich als leer und sinnlos heraus, ohne Strahlkraft, ohne wirkliche Freude, ohne Liebe.

Dieser Schmerz heißt eigentlich Einsamkeit, vielleicht auch Langeweile und Überdruss. Es ist eine Traurigkeit, die sich einfach nicht abschütteln lässt, der Ärger, den wir zu überspielen versuchen, die Angst, die uns packt, wenn wir allein sind. Es sind die Unsicherheit, der Bammel vor etwas, der Stress, die wie ein Knäuel in unserem Bauch sitzen, ein Knäuel, das gelöst werden will. Wir sehnen uns nach etwas Echtem und greifen nach kümmerlichem Ersatz.

Was würde passieren, wenn wir einfach still sitzen blieben, um den Schmerz zu spüren? Wenn wir nicht mehr weglaufen würden? Es ist noch keiner daran gestorben. Du bist nicht der Einzige, der es fühlt, wir alle kennen es, wir leben damit. Der Schmerz ist wie ein Klopfen an der Tür. Beim Blick durch das Guckloch siehst du draußen eine Gestalt, die du nicht kennst, und erschrickst. Ich kann doch nicht einfach öffnen und einen Wildfremden hereinlassen, sagst du dir. Aber der Fremde ist nicht fremd, er ist du, er ist das an dir, was du verworfen hast und nicht wahrhaben willst. Wenn du wieder ganz werden willst, musst du ihn mit offenen Armen empfangen.

Sieh deinen Schmerz als den Beginn deines Erwachens, er kündigt die Erfüllung an, nach der du dich sehnst.

Es wird Zeit, diese verleugneten Anteile unter die Lupe zu nehmen. Du liegst jetzt vielleicht schon in der Stille deines Schlafzimmers. Entspann dich, entspanne deinen ganzen Körper. Taste in dir nach noch angespannten Stellen, und lass den Druck los, den du dort spüren kannst. Dann mach dir deinen Atem bewusst. Lass ihn bis ans untere Ende deiner Wirbelsäule strömen, um ihn dort zu spüren, ganz offen und weit. Beim Ein- und Ausatmen strömt der Atem in deiner Wirbelsäule abwärts und aufwärts. Und nun kannst du dich dem Gast zuwenden, der deine Aufmerksamkeit sucht. Was auch immer hochkommen mag, lass es einfach zu, heiße es willkommen. Der Schmerz, dieser meist unwillkommene Gast, ist in Wirklichkeit ein Freund, der auftaucht, um dein Licht wieder leuchten zu lassen.

9. Tag Das Ego

Morgen

Sucht ist Ablenkung, das ist so weit klar geworden. Aber die größte Ablenkung überhaupt ist unser Dasein als Ego. Das Ego möchte uns von der Königin aller Wahrheiten ablenken: *nämlich der, dass wir alle eins, alle Teil des großen Ganzen sind; alle sind wir ein einziger großer Ausdruck.* Das Ego, so scheint es, beschert uns die Illusion der Trennung, aber letztlich brauchen wir diese Illusion ja auch, um die Freuden des Menschseins richtig auskosten zu können, denn wir brauchen die Polarität, um ein Gegenüber überhaupt erst erfahren zu können.

Vielleicht könnte das Ego ja tatsächlich dein Freund, dein Verbündeter werden. Wie wäre das? Denn ist es nicht letztlich das Ego, das es dir ermöglicht, in den leuchtenden Farben eines Rothko zu malen, deiner Gitarre Töne zu entlocken wie ein Eric Clapton, dich auf der Schwingungsebene des Daseins souverän und anmutig durch Zeit und Raum zu bewegen?

Der Schlüssel, um das Ego wirklich verstehen zu können und sich mit ihm zu verbünden, liegt darin, absolut alles, was geschieht, als göttlichen Ausdruck zu erkennen, der durch uns hindurchströmt. Mir ist zum Beispiel bewusst, dass das hier im eigentlichen Sinne gar nichts mit mir zu tun hat – meine Worte, mein Auftreten, dieses Buch … Ich bin nur das Instrument, durch das all dies geschieht. Nichts davon kann ich für mich in Anspruch nehmen. Ich weiß, wer der Kapitän meines Schiffes ist. Das unendliche Sein, das mich hervorgebracht hat, nutzt in all seiner Herrlichkeit selbst mein Ego noch.

Aber vom Ego zu reden ist ein bisschen so, als hätten wir es mit Sand zu tun. Es ist unfest, es rieselt, man bekommt es nicht richtig zu fassen. Es ist auch sehr anpassungsfähig und kann, wie wir alle wissen, recht unangenehm werden, wenn man ihm an der falschen Stelle seinen Lauf lässt. Man reibt sich leicht wund an ihm. Versuchen wir also einmal, genauer einzukreisen, wie es beschaffen ist und welche Färbung es hat. Wir müssen es fühlen können, um richtig mit ihm um-zugehen.

Stell dir dein Ego also vor. Welche Farbe hat es? Welche Gefühle hast du ihm gegenüber? Wie sieht es aus? Hat es eine Stimme? Flüstert es, oder schreit es? Kommt es gelegentlich vor, dass du selbst ihm in die Falle gehst? Ist dein Ego angster-regend, manisch oder grob? Oder ist es subtiler? Ist es dir unheimlich, so wie etwas, das in den Untiefen deines Be-wusstseins lauert? Wenn du es ans Licht lässt und annimmst, kann es sein, dass dein Ego durchsichtig wird. Es verstellt dir dann nicht mehr den Blick auf die Realität. Es wird dich nicht mehr davon abhalten können, das Leuchten in allen Dingen zu sehen. Das ist dann, als würde man an einem strahlend hellen Tag die Vorhänge zurückziehen.

Dann ist das Ego dein Freund.

MITTAG

Beobachte dich heute einmal genau. Achte besonders darauf, ob du prahlst, lügst, mit bekannten Namen Eindruck schindest, andere unterbrichst, ihnen über den Mund fährst, ein Gespräch an dich zu reißen versuchst, dich vergleichst, jemanden manipulierst, beleidigst oder es einfach nur an Interesse mangeln lässt. Wenn sich irgendeine dieser Unarten bemerkbar macht, weißt du, dass dein Ego gerade mit dir durchgeht.

Bei Lesen des Morgenabschnitts kann noch nichts von dieser Art passiert sein, dein Tag fing ja gerade erst an. Es gab noch keine Kontakte mit der Welt da draußen, und so gab es noch nichts, was dich infrage stellen könnte. Dazu wird es aber im weiteren Verlauf des Tages kommen. Dein Ego wird sich bedroht fühlen. Jemand wird dich beschimpfen oder überheblich sein, und zum Ausgleich wirst du dich darüber zumindest aufregen wollen. Dein Ego fühlt sich angekratzt und wird daher ganz gewiss zum Vergeltungsschlag ausholen. Deine Reaktion wird zumindest im Ansatz so aussehen, als müsstest du dich im Dschungel des Lebens verteidigen.

Aber was haben wir eigentlich davon, wenn wir uns so aufplustern? Fühlen wir uns dann besser? Stehen wir dadurch in den Augen des anderen besser da? Du kennst die Antwort.

Könnte es also sein, dass dein Ego nur dann ein wahrer Freund ist, wenn du dich klar und bewusst wahrnimmst?

Achte also heute bitte einmal darauf, wann du es für nötig hältst, dich aufzublasen, dich durchzusetzen, dich als besser darzustellen – und lass es sein. Tu einfach gar nichts. Bleib bei dir, sei du selbst, ruhe in dir. Nur das. Du musst dich nicht größer machen, es läuft ohnehin darauf hinaus, dass du kleiner wirst. Keine Posen. Einfach nur sein.

Wenn sich dein Ego eingliedern kann, wird es ein Verbündeter für deinen weiteren Weg.

Sei heute in all den Augenblicken, die dein Ego auf den Plan rufen könnten, ganz ehrlich mit dir. Agiere aus deiner Ganzheit und inneren Übereinstimmung. Dann wirst du bemerken, ob du beeindrucken oder Neid erregen oder dich als besser darstellen möchtest. Und wenn du es siehst, kannst du es auch unterbrechen. Du magst es selbst nicht mehr, und wenn du es sein lässt, wirst du staunen, wie viel besser es ist, einfach du zu sein – nicht aufpoliert, sondern strahlend.

ABEND

Du weißt noch nicht, dass ich deine Rettung bin. Ohne mich bist du nichts. Du meinst, du müsstest mich abschaffen. Ich bin in Verruf geraten. Du hast dir erzählen lassen, ich sei schuld an allem, was in deinem Leben nicht so läuft, aber in Wirklichkeit brauchst du mich. Ich bin für dich da. Ich bin deine private kleine Streitmacht, die du jederzeit mobilisieren kannst, wenn es darum geht, dich zu entwickeln, Großes zu leisten und alles zu verwirklichen, was in dir steckt.

Ich bin dein Ego.

Ohne mich hättest du keinen Ausdruck, keine Möglichkeit, dich zu äußern, und nichts, was dich auszeichnet. Ohne mich wärst du gesichtslos und namenlos und würdest irgendwo verkümmern, wo dich niemand wahrnimmt. Ich bin dein Verbündeter und Fürsprecher. Durch mich kannst du dein Licht in diese Welt bringen.

Ich bin es, der dich befähigt, zum Telefon zu greifen und deinem Chef zu sagen, dass eine Gehaltserhöhung fällig ist. Ich bin da, wenn du den Mut aufbringen musst, dich mit jemandem zu verabreden. Ich bin da, wenn du endlich den Antrag machst, dich um einen Studienplatz bewirbst, einen Freund zur Rede stellst, der dich gekränkt hat. Wenn du eine Tischrede zu halten hast, führe ich dich, und wenn jemand meint, dass aus dir nie etwas wird, sage ich: *Ach ja? Das wollen wir doch mal sehen.*

Ich bin die Kraft, die – richtig eingesetzt – alles vermag. Aber du weißt noch gar nicht, wie du mich sinnvoll einsetzen kannst. Nein, du brauchst mich nicht zu zähmen oder spirituell zu unterwerfen. Ich fordere dich auf, dich als den anzunehmen, der du bist. Bei keiner Unternehmung findest du einen besseren Verbündeten als mich.

Bevor du jetzt einschläfst, bring dich in Einklang mit mir. Stell dir vor, ich sei um dich herum wie ein Kraftfeld – was ich in gewisser Weise tatsächlich bin. Mach dir klar, was ich vermag – aber auch, dass du einzigartig, wunderbar und in deinen Möglichkeiten unbegrenzt bist. Hast du mich erst ganz akzeptiert, wirst du mit meiner Hilfe immer mehr für die Welt ringsum tun können. Lade mich ein in dein Herz, mach mir dort Platz. Ich gehöre in dein Inneres wie alles andere auch. Gib nach, bis sich ein Gefühl der Grenzlosigkeit einstellt. Dann überlass dich dem Schlaf. Wenn du aufwachst und aufstehst, soll es ein Zusammenspiel von Frieden und Kraft sein.

10. Tag

Ich bin nicht gut genug

Morgen

Es ist ein Mantra, und ein sehr wirkungsvolles: *Ich bin nicht gut genug*. Wir bemerken wenig von unserer Rezitation, das macht sie so wirksam, obwohl das Mantra selbst nicht stimmt. Irgendwo glauben wir aber, dass es zutrifft. Wie wir bei der Scham bereits gesehen haben, werden Veränderungen möglich, wenn wir das Verborgene und Verschleierte bewusst werden lassen. Dann ist es, als würden wir mit der Taschenlampe in eine dunkle Ecke leuchten, wo wir ein Gespenst oder einen Dämon vermuten, und feststellen, dass da nichts ist.

Was wir ans Licht bringen, verschwindet. Beleuchten wir also einmal dieses unbewusste Gespräch, das wie eine Bandschleife in dir abläuft, auch wenn du wenig davon bemerkst. Vielen ist der Wortlaut nicht bewusst, sie merken nicht einmal, dass da überhaupt gesprochen wird. Das ändert aber nichts daran, dass dieses Mantra großen Schaden anrichtet. Ich bin bei mir erst durch tiefe Selbsterforschung darauf gekommen. Irgendwann war ich an einem Punkt angekom-

men, wo ich nur noch an einem Garnende ziehen musste, und dann kam alles andere mit und ribbelte sich sozusagen auf. Es waren drei Sätze, die ich da vorfand, und sie lau-
teten:

Ich bin nicht gut genug.

Ich bin nichts wert.

Ich bin nicht liebenswert.

Mir wurde klar, dass mich diese Sätze ständig begleiteten,
sie waren treue Weggefährten. So sehr ich mich dem Göttlichen verbunden fühlte, es schirmte mich nicht von den Höhen und Tiefen des täglichen Lebens ab. Dann stellte ich fest,
dass in jedem Menschen solche unbewussten Gespräche ablaufen. Sie sind Bestandteil des Energiefelds auf unserer Erde
und werden es so lange bleiben, bis wir das Muster kollektiv
durchbrechen. Niemand braucht sich einzubilden, er sei dagegen gefeit, das kann gefährlich werden. Wir mögen uns
dem Göttlichen verbunden fühlen, doch immun macht uns
das noch lange nicht. Aber vielleicht kann uns die Verbundenheit ja Einblick in die subtileren Zusammenhänge ge-
währen. So war es jedenfalls bei mir. Ich wurde auf meine
inneren Gespräche aufmerksam und nahm sie nach und
nach als solche an. Ich begann sogar, sie zu rezitieren. Und da
erkannte ich, dass diese Gedanken keinerlei Wahrheitsgehalt
besaßen.

Leg dieses Buch jetzt einmal weg, mach die Tür zu und
setz dich still hin. Nimm dir drei Minuten. Drei Minuten
genügen für eine Richtungsänderung.

Ich bin nicht gut genug.

Ich bin nichts wert.

Ich bin nicht liebenswert.

Sag das hörbar und mehrmals. Vielleicht sträubt sich etwas in dir. Vielleicht wirst du traurig. Einerlei, sprich weiter, hör nicht auf.

Ich bin nicht gut genug.

Ich bin nichts wert.

Ich bin nicht liebenswert.

In meinen Workshops erlebe ich immer wieder erschütternde Reaktionen auf diese Übung. Da sitzt ein erfolgreicher Geschäftsmann von über sechzig auf dem Boden und wiederholt endlos, endlos: »Ich bin nichts wert«, und dabei weint er herzzerreißend, weil er es nicht fassen kann, dass er genau das in den tiefsten Winkeln seines Inneren trotz aller äußeren Erfolge tatsächlich glaubt. Eine junge Frau, die immer wieder die gleichen destruktiven Beziehungen eingeht, sitzt vornübergebeugt auf ihrem Stuhl, tränenüberströmt, und wiederholt: »Ich bin nicht liebenswert.«

Und was passiert, wenn genug Tränen geweint sind? Wenn diese Worte sich scheinbar endlos abgespult haben? Nun, auf einmal ist völlig klar, wie absurd diese Urteile sind. Und in dem dann frei werdenden Raum wird die Selbstliebe geboren.

Wenn du, lieber Leser, diese Übung in vollem Umfang machst, hast du nicht mehr in der Hand, was passieren wird, wenn das Pendel erst einmal schwingt. Es kann zu Lachanfällen kommen, oder es stellt sich eine tiefe Gelassenheit ein, eine heitere Glückseligkeit. Lass alles kommen, du bist ja allein.

MITTAG

Im Laufe des Tages können Kleinigkeiten diese oder gleichwertige Sätze auslösen: »Ich bin nicht gut genug. Ich bin nichts wert. Ich bin nicht liebenswert.« Wenn das einmal losgeht, ist es wie ein Tropfen Farbe in zuvor klarem Wasser: Auf einmal ist alles verfärbt, dein ganzes Weltbild.

Bei mir läuft es so, wenn einer dieser Sätze auch nur für einen Moment meine Wahrnehmung trübt. Die Schultern sinken vornüber, der Kopf hängt, ich werde zum Bild der Niederlage und des Aufgebens.

Auch wenn solche Gedanken nicht zutreffen, lösen sie eine körperliche Reaktion aus. Man verkriecht sich sozusagen in sich selbst, und dieser Rückzug prägt wiederum die erlebte Wirklichkeit. Ein Teufelskreis kommt in Gang: Wie ich denke, so bin ich.

In einer Haltung der Empfänglichkeit öffnen wir uns und fühlen auch so. Wir werden größer und weiter. Ist es dir schon einmal passiert, dass du jemanden größer in Erinnerung hattest, als er oder sie tatsächlich ist? Das ist sicher ein Mensch, der sich offen und bereitwillig in dieser Welt bewegt, und diese Energie lässt ihn größer erscheinen. Wenn jedoch diese miesen kleinen Gedanken mit uns durchgehen, die uns untergraben und in der Entfaltung unserer Anlagen beschneiden, ist es so, als würden wir schrumpfen. Wir werden matt und klein wie ein Ballon, der Luft verliert.

Das tun wir uns selbst an. Hast du schon einmal beobachtet, wie es aussieht, wenn ein Golf-Profi ein Spiel verliert? Oder ein Tennis-Ass? Man kann den Augenblick förmlich mit ansehen, in dem der Schalter umgelegt wird und dieses

»Ich bin nicht gut genug« in ihnen Raum greift – so weit, dass es sogar in die Zukunft hinein wirkt und zu immer weiteren Punktverlusten führt. Sie werden zum Abbild der Niederlage, und dann folgen fast zwangsläufig weitere Niederlagen.

Das ist bei vielen Sportarten zu beobachten, aber auch bei Schulkindern, wenn die Hausaufgabe einfach zu schwierig ist. Oder eben wenn eine Beziehung untergraben und ausgehöhlt wird: »Ich bin nichts wert. Ich bin nicht liebenswert.« Wer sich aufgibt, ist dann auch wirklich abgeschnitten. Hast du dich selbst aufgegeben, ist auch keine Hilfe von außen mehr möglich.

Aber man kann lernen, das alles noch rechtzeitig abzufangen. Dazu sollst du dich heute bitte einmal an deinem Körper orientieren. Wir sind oft nicht sehr gut mit unserem Körper verbunden, aber wenn wir genau auf ihn achten, verrät er uns eine Menge über das, was in uns vorgeht. Achte auf deine Körpersprache. Hast du eine gebeugte Haltung? Sind die Arme verschränkt, die Fäuste geballt, die Kiefer angespannt? Schleichst du nur so herum? Gehst du wie ein Roboter die Straße entlang? Bist du hibbelig, zappelst du mit den Beinen, trommelst du mit den Fingern?

Wichtig ist, dass du es bemerkst. Hefte dich heute an deine körperlichen Reaktionen, als müsstest du einer Fährte folgen, um herauszufinden, was tatsächlich los ist. Achte auf die Worte in deinem Kopf, die so viel Schaden anrichten können und dein ganzes Leben prägen und beeinflussen. Hast du sie erst einmal als unwahr durchschaut, ist dir ein wichtiger Schritt zu deiner Wahrheit und Schönheit gelungen.

Du bist gut genug.
Du bist sehr viel wert.
Du bist geliebt.

ABEND

Am ersten gemeinsamen Abend mit deiner neuen Flamme stößt du ein Rotweinglas um. Du hattest die einmalige Gelegenheit, den Siegkorb für deine Mannschaft zu werfen, und hast einfach nicht getroffen. Du bist ins Fettnäpfchen getreten und hast einen Freund ungewollt beleidigt. Das traditionelle Weihnachtsgericht der Familie ist dir völlig misslungen.

Es sind diese belanglosen verpatzten Situationen. Gerade die banalen Kleinigkeiten sorgen dafür, dass wir meinen, wir seien nicht gut genug. Diese so unscheinbare Energie ist wie Pech: Sie klebt an uns, und wir bekommen sie nur schwer wieder los. Irgendetwas stimmt einfach nicht mit uns. Wir haben etwas vermasselt. Oder versäumt. Gesagt oder nicht gesagt. Fehler, Fehler, Fehler. Wir sind einfach zu nichts zu gebrauchen.

So machen wir uns immer wieder selbst den Prozess und sprechen uns schuldig. Wir verurteilen uns zu Verzicht, zu Leid, zu Hoffnungslosigkeit. Und warum das alles? Wegen eines umgestoßenen Weinglases, eines verpatzten Korbwurfs, wegen Kleinigkeiten. Vielleicht ist uns die Liste unserer gesammelten Anklagepunkte gar nicht mal bewusst, aber irgendwo tief in uns gibt es sie. In unserem Bauchraum führt sie ein Eigenleben. Und in diesen kostbaren Augenblicken, in denen wir zu hoffen wagen, dass wir vielleicht doch noch Erfolg, Glück und Freude erleben könnten, knallt dann doch wieder der Hammer aufs Pult.

Nicht gut genug.

Diese winzigen Demütigungen nagen an uns. Sie sind wie viele kleine Mückenstiche, juckende, beißende Quaddeln, und mit der Zeit erzeugt dieser Juckreiz Dichte, Verdichtungen der Energie. Diese verdichtete Energie lässt sich nur auf eine Art auflösen: indem man sich eingesteht, dass es sie gibt. Sie ist ein Teil von dir, aber sie ist nicht alles, was du bist. Ja, du hast das Rotweinglas umgestoßen, aber deswegen bist du nicht grundsätzlich ein Tollpatsch, der überhaupt nichts auf die Reihe bekommt. Du bist nicht schlichtweg der Spieler, der seiner Mannschaft eine Niederlage eingebrockt hat, aber innerlich verwandelst du dich in einen Versager, der ganz allein schuld daran ist.

Nimm diese Etikettierungen, die du dir verpasst, einmal ganz zur Kenntnis. Fühle auch hinein: »Ich bin wertlos.« Wenn du jetzt im Bett liegst und diese Stelle liest, dann lass das Gefühl deines Versagens einfach zu. Der Rotweinfleck. Die vertane Siegeschance. Das missglückte Essen. Die falschen Worte. Wie deine Sammlung nichtiger Kleinigkeiten auch aussehen mag, jetzt im Moment sollst du einfach alles fühlen, dich in deinen peinlichen Patzern suhlen.

Es wird nur ein paar Minuten dauern. Die ganze Unfähigkeit und Unzulänglichkeit wird nämlich uninteressant, vielleicht sogar schon ein bisschen langweilig. Was wir ganz und gar zulassen und fühlen, verliert seine Ladung und schließlich seine Faszination. Wie eine Batterie, die immer schwächer wird. Irgendwann ist sie leer. Die ganze Energie, die wir in Gedanken über unsere Unzulänglichkeit verschwendet haben – einfach weg.

Wenn du jetzt gleich einschläfst, fällt dir vielleicht noch auf, wie viel interessanter es ist, Schafe zu zählen oder die Dinge des vergangenen Tages an deinem inneren Auge vorbeiziehen zu lassen, ohne dich an vermeintlichen Fehlern festzubeißen. Du hast dieses Gefühl deiner Wertlosigkeit abgelegt. Jetzt darfst du dich ausruhen.

Schlaf gut.

11. Tag Dem inneren Saboteur das Handwerk legen

Morgen

Wenn du erst einmal angefangen hast, deinen eigenen Wert zu erkennen, wird dir auch klar, wie du dein Selbstwertgefühl untergräbst. Solange die drei genannten unbewussten Sätze in dir kreisen, stehst du dir selbst im Weg. Dann bist du so voller Urteile und Selbstkritik, dass du für deine innere Fülle, deine angeborene Freude und Weisheit gar nicht empfänglich bist. Was geht in dir vor, wenn dir Komplimente gemacht werden? »Du siehst toll aus heute.« »Was für ein schönes Kleid.« »Dein Vortrag war richtig gut.« »Du hast es aber gemütlich hier.« Nimmst du das an? Kannst du es einfach mit ganzem Herzen so annehmen, wie es gemeint ist? Oder wiegelt etwas in dir ab und versucht die freundlichen Worte beiseitezuschieben? Könnte es sein, dass du solchen Komplimenten einfach keinen Glauben schenkst?

Das Göttliche ist unser Freund, der uns liebevoll alles zur Verfügung stellen möchte, was wir brauchen. Solange wir jedoch nicht an unseren eigenen Wert glauben, können wir dieses Nährende und Gebende in unserem Leben nie ganz akzeptieren. Wir können von außen betrachtet unter den denkbar besten Umständen leben, aber solange wir nicht wirklich mit uns selbst einverstanden sind, werden wir all das nicht wirklich zu schätzen wissen.

Manch einer erklimmt den Gipfel des Erfolgs und hat doch nichts davon. Diese Menschen haben im materiellen Sinne alles, was man sich nur wünschen kann, und trotzdem leben sie trostlos vor sich hin. Es liegt daran, dass sie sich nicht liebenswert finden, für nicht gut genug halten und sich nicht mit diesen Empfindungen auseinandersetzen.

Um unsere innere Blockade aufzulösen, müssen wir die gegen uns selbst gerichtete Beweisführung durchschauen. Erst dann sehen wir das Leben, wie es wirklich ist. Das Leben ist *für* uns und möchte uns den Weg ebnen. Das ist für die meisten Menschen schwer nachvollziehbar. Was bedeutet das? Sicher nicht unbedingt, dass es für jeden immer und überall perfekt läuft und rote Rosen regnen wird. Aber im Laufe des Lebens kann uns schon aufgehen, dass uns auch die sehr schmerzlichen und traumatischen Erlebnisse ein Stück weit dabei geholfen haben, unseren ganz eigenen, un-verwechselbaren Beitrag im Leben zu leisten. Dazu kann es jedoch nicht kommen, wenn wir unser Menschsein nur teil-weise akzeptieren und bestimmte Erfahrungen vermeiden wollen. Vielmehr kommt es darauf an, dass wir uns *allem,* was dieses Menschsein ausmacht, mit jeder Faser unseres Seins bereitwillig öffnen. Erst durch meine eigenen schmerz-haften Erfahrungen konnte ich lernen, für andere Menschen da zu sein, die einen ähnlichen Schmerz durchlebten. Ich musste in die Tiefe meiner Einsamkeit hinabsteigen, um an-deren in ihrer Einsamkeit begegnen zu können. Ich musste mein eigenes Glück erfahren, um mich über das Glück anderer freuen zu können, anstatt Neid zu empfinden. Das Leben ist mit all seinen Erfahrungen – welche es auch sein mögen – genau das, was es uns ermöglicht, einander zu lieben. Das sollte unser aller Lebensmotto sein.

Das ganze Universum entfaltet sich unaufhörlich, und die Welt folgt ihrem eigenen Lauf. Wenn wir ein Bewusstsein dafür entwickeln, dass wir diesem großen Lauf der Dinge vertrauen können, wird unser innerer Saboteur verstummen. Noch einmal: Das muss nicht bedeuten, dass alles immer rosig ist. Aber je mehr wir uns dem großen Ganzen unserer Erfahrungen öffnen, desto deutlicher spüren wir, dass alles den Lauf nimmt, den es nehmen soll. Dann kann selbst aus den schrecklichsten Verlusten mit der Zeit etwas unverhofft Schönes hervorgehen. Ich muss hierbei an eine Frau denken, die ihre Tochter durch eine plötzliche unaufhaltsame Infektion verloren hatte. Jahre später adoptierte diese Frau ein chinesisches Kind, kein Ersatz für ihre verlorene Tochter, natürlich, aber ihr Leben begann sich nun auf ein Neues zu entfalten: Inmitten tiefster Verwüstung begann es auf einmal wieder zu funkeln und seinen eigenen wunderbaren Lauf zu nehmen.

Nun ist es leider so, dass niemand wirklich immun ist gegen diese subtilen oder auch recht deutlichen Stimmen jenes inneren Saboteurs. Wir müssen uns da an eine Art Routineplan halten, ganz ähnlich wie das tägliche Zähneputzen. Den inneren Saboteur konsequent im Zaum zu halten, das wird uns wohl zeit unseres Lebens begleiten. Man darf sich nicht einbilden, diese Stimme im Kopf sei ein für alle Mal zum Schweigen zu bringen. Aber du kannst sie identifizieren, sobald sie sich zu Wort meldet. Dazu musst du wach und bewusst bleiben, mit dir selbst in allem, was dich ausmacht, so verbunden, dass für den Saboteur kein Platz mehr bleibt. So wird er immer weniger zu melden haben, während im Haus deines Herzens die Lichter angehen – eines nach dem anderen. Da du jetzt gerade dieses Buch liest, ist alles in dir bereit, einen großen Schritt nach vorn zu machen. Es kann nur so sein, denn sonst wäre dieses Buch gar nicht zu dir gelangt und du hättest es auch nicht bis hierher durchgearbeitet.

Hab ein waches Auge auf deinen inneren Saboteur. Du solltest auch wissen, dass es Situationen gibt, in denen er sich besonders gern und mit besonderem Nachdruck einschaltet. Wenn sich die Dinge ausgesprochen gut entwickeln, lauert der Saboteur hinter jeder Ecke und setzt alles daran, Sand ins Getriebe zu streuen. Und zu seiner Höchstform läuft er immer dann auf, wenn du vor einem entscheidenden Durchbruch stehst.

Mittag

In den Wochen nach meinem Auftritt bei Oprah Winfrey in einer ihrer Talkshows hätte ich eigentlich nach menschlichem Ermessen (auch nach meinem) wie auf Wolken schweben müssen, schließlich handelte es sich bei dem, was ich erlebt hatte, um eine großartige Sache, von der ich bis dahin nicht einmal zu träumen gewagt hätte. Aber ich verspürte alles andere als ein Hochgefühl. Ich fühlte mich einsam, traurig und unsicher.

Ich hatte in diesem Rampenlicht gestanden, alle Augen waren auf mich gerichtet gewesen, aber jetzt war es weg, und ich empfand nichts als finstere Leere.

Ganz allein musste ich mit einem inneren Saboteur ringen, der auf eine Gelegenheit wie diese nur gelauert hatte.

Hier nur eine kleine Auswahl der Tricks, mit denen er in diesem Fall operierte: Ich wurde dreist, rüpelhaft und arrogant und entwickelte eine für andere schwer erträgliche Anspruchshaltung. Die Leute in meinem Bekanntenkreis begannen, mich zu meiden, und es war ihnen nicht zu verdenken. Ich wurde neidisch. Ich war traurig und einsam und versuchte, die empfundene Leere mit Futter zu stopfen. Ich nahm zu. Ich fühlte mich nicht mehr wohl in meiner Haut. In geschäftlichen Angelegenheiten versuchte ich anderen vorzuschreiben, wie die Dinge zu laufen hatten. Ich war gefährlich nah daran, die Menschen in meiner näheren Umgebung ernsthaft vor den Kopf zu stoßen. Dann begann ich, auf Twitter und Facebook herumzustromern, um mir bei wildfremden Leuten meine Streicheleinheiten zu holen. Meine engsten Vertrauten kamen kaum noch an mich heran, entweder futterte ich oder ich verkroch mich in mein iPad. Wow, so oft werde ich retweetet – und die vielen Likes auf Facebook, sagenhaft!

Nichts als Traurigkeit und Einsamkeit! Ich hätte allen Grund gehabt, im besten Sinne stolz zu sein, begeistert. Und was war ich? Nichts als ein aufgeblasenes Ego. Und auch das hatte mich gepackt: Es steht mir nicht zu, ich bin nichts wert, ich bin ja nur ein Aufschneider. Anders ausgedrückt: Mein innerer Saboteur hatte sich noch einmal voll durchgesetzt.

Dein innerer Saboteur tritt nicht nach, wenn du schon daliegst. Er lauert immer dort, wo das Leben eine aufregend neue Wendung zu nehmen verspricht. Eine neue Beziehung. Eine Beförderung. Die Geburt eines Kindes. Ein unerwarteter Geldsegen. Das sind die Augenblicke, in denen du besonders gut gewappnet sein musst.

Der Saboteur ist nicht immer leicht auszumachen. In diesen ersten Tagen nach dem Interview hatte ich ihn komplett übersehen. Es gibt aber Anzeichen, die dich erkennen lassen, dass der Saboteur das Ruder mal wieder übernommen und rumgerissen hat: Die Menschen, die dich lieben und dir von Herzen nur das Allerbeste wünschen, werden dir irgendwie anzudeuten versuchen, dass du gerade nicht so handelst, wie es für dich gut wäre. Du wirst das nicht hören wollen, aber steck es trotzdem ein für den Fall, dass du irgendwann darauf zurückgreifen möchtest. Die Stimmen der Liebe sprechen sich immer *für dich* aus, auch wenn du es gerade nicht realisierst oder nicht hören willst.

Die Stimme der Liebe, die gleiche Stimme wie die des Göttlichen, spricht zuerst sehr leise. Wenn du nicht hinhörst, wird sie lauter, dann nachdrücklich und zuletzt unüberhörbar laut werden. Schließlich hörst du sie.

Heute ist es deine Aufgabe, im Laufe des Tages genau hinzuhören, auch auf die ganz leisen Stimmen, das Flüstern. Schon das Flüstern zu hören kann dir manches ersparen.

ABEND

Stell dir etwas besonders Schönes vor, vielleicht einen herrlichen Tag mit deinen Lieben am Strand. Himmel und Meer könnten blauer nicht sein, alles funkelt und strahlt. Der Picknickkorb ist randvoll mit allen nur erdenklichen Köstlichkeiten. Alle ringsum sind bester Laune, und du kannst dich in ein tolles Buch vertiefen. Über euch fliegen die Möwen, und die Wellen plätschern sanft an den Strand. Plötzlich, wie ein Schatten, der auf das Strandlaken fällt, kommt dir ein Gedanke, ein höchst unwillkommener: »Vielleicht stimmt ja was mit meinem Körper nicht. Ob ich Krebs haben könnte? Was, wenn ich einen Schlaganfall erleide? Oder eine Thrombose?«

Oder nehmen wir einen anderen herrlichen klaren Tag, an dem du mit dem Wagen auf der Landstraße unterwegs bist. Im Radio läuft eines deiner Lieblingslieder, und du bist mit deiner besten Freundin zum Mittagessen verabredet. Urplötzlich siehst du vor deinem inneren Auge, wie der Traktoranhänger weiter vorn unkontrolliert ausschert und einen Massenunfall verursacht. Oder einen Hirsch, wie er aus dem Wald direkt in deine Windschutzscheibe springt. Ein Blutbad.

Oder du siehst deine süße kleine Tochter in ihrem Bettchen liegen und hast plötzlich das Gefühl, dass sie womöglich nicht mehr atmet. Du legst ihr eine Hand auf die Brust, und für einen Moment bist du sicher, dass sie dir entrissen worden ist ...

Das sind nichts als Gedanken und Einbildungen deines inneren Saboteurs. Er schleicht sich an dich heran, wenn du gerade schnurrst vor Wonne und alles bestens zu sein scheint.

Er ist ein Juwelendieb, für ihn kommt nur der kostbarste lupenreine Stein infrage, die randvolle Schatztruhe, deshalb wartet er diese goldenen Augenblicke ab. Na klar, wer sabotieren möchte, muss schon warten, bis es etwas zu sabotieren gibt. *Du verdienst das nicht,* raunt er dann, *und deshalb nehme ich dir jetzt alles weg, alles.*

Das ist der Spielverderber, es sind Angstenergien, die aufkochen, wenn Frieden einzukehren droht. Frieden, das wäre das Ende des Saboteurs. Deshalb lässt er nichts unversucht, um jeden Ansatz von innerem Frieden, Erfolg und Erfüllung gleich wieder im Keim zu ersticken. Nur so kann er überleben. Aber der innere Saboteur ist auch unsere eigene Schöpfung, wir haben ihn selbst erdacht. Er ist das, was wir fühlen, wenn wir Hiobsbotschaften erwarten und überall Unheil und Untergang wittern.

Um dich zu Fall zu bringen, muss er sich deiner Mitarbeit versichern. Es ist sogar so, dass er ohne dich gar nicht existiert. Und er wird sich verziehen, wenn er vor seinem Hauptgegner steht: Mut.

Und Mut kostet es, dich deinem inneren Saboteur zu stellen. Nein zu sagen. Nein, ich entscheide mich dafür, glücklich, zufrieden und froh zu sein, die Geschenke des Lebens anzunehmen, mich ihrer würdig zu fühlen als einer, dem sie auch zustehen. Ich entscheide mich, mein Leben voll und ganz zu leben und mir keine Gedanken über mögliche Katastrophen zu machen.

Wo Mut ist, kann der Saboteur nur noch den Schwanz einziehen und sich davonschleichen.

Bevor du jetzt das Licht ausmachst und ins Land der Träume hinüberschlummerst, sag noch einmal Ja zu dir und zu allem, was du bist. Lass es hell und freundlich sein – alles, was du bist, soll sich hier willkommen fühlen, nicht nur deine Schokoladenseite, sondern auch alles, was du als komplexer, verdorben oder dunkel wahrnimmst, was es auch sei.

Du hast alles Gute dieser Welt verdient.

Du bist ganz und vollständig.

Du hast alles, was du für ein schönes Leben brauchst.

Wende dich jetzt deinem Atem zu. Nimm die Matratze wahr. Den Boden unter der Matratze.

Diesen Atemzug. Die Erde.

Du kannst ihnen vertrauen, sie tragen dich genau so, wie du es brauchst.

Wenn du morgen früh aufwachst, wird es eine neue Klarheit und Selbstgewissheit geben. Du wirst wissen, wer du bist. Du wirst im Geist verwurzelt sein.

Dich selbst erkennen heißt, das Göttliche erkennen.

12. Tag Auslöser

Morgen

Wir sind immer wieder mit denselben Leuten zusammen. Wir führen auch immer wieder die gleichen Gespräche, besuchen die gleichen Restaurants, wählen die gleichen Urlaubsorte. Wir umgeben uns mit Gleichgesinnten, in ihrem Kreis fühlen wir uns wohl.

Dabei entgeht uns aber etwas, denn der Kreis der Gleichgesinnten wirkt zugleich wie ein Puffer, der das Leben fernhält. Und das wiederum verringert unsere Gelegenheiten, zu wachsen und uns zu entwickeln.

Am liebsten umgeben wir uns mit Leuten, die keine Konflikte in uns heraufbeschwören. Wir suchen sie uns aus. Alles, was irgendwie »anders« ist, verursacht uns Unbehagen. Direkt oder durch die Blume gibt man uns zu verstehen, dass Umgang oder Freundschaften oder gar Ehen mit Menschen anderer ethnischer, religiöser oder politischer Zugehörigkeit oder auch einer anderen Bildungsschicht nicht gar so gern gesehen sind. Ich schwärme für die Klassiker der Moderne, was soll ich da mit jemandem, der Groschenromane liest? Wir sind Fans verschiedener Mannschaften, politisch links oder rechts oder stockkonservativ, stinkreich oder abgebrannt, gesund oder krank. Das geht einfach nicht zusammen.

Wenn du wieder einmal diese Unvereinbarkeit empfindest – und man fühlt sie deutlich im Körper, wenn man sich darauf einlässt und hinhorcht –, wende dich nicht ab, lenk nicht davon ab, sondern halte einfach stand. Alles zulassen, was in dir wach wird, nichts abwürgen. Wenn du standhalten kannst, um die ganze Wahrheit zu fühlen, deine und die der Situation, wirst du gleich ein gewaltiges Einströmen von Energie verspüren. Nimm dir vor, dich nicht abzuwenden, nur weil dir etwas unangenehm ist. Gerade das Unbehagliche bietet die besten Entwicklungsmöglichkeiten.

Wenn andere etwas in uns auslösen, was wir nicht gern fühlen, laufen wir meist davor weg. Mir geht es heute so, dass ich auf diese anderen sogar zulaufe. Ich lasse mich auf alles ein, was meine Auslöser betätigt, denn nur so lassen sich die dahinter verborgenen Energien auflösen. Während einer Radiosendung, an der ich beteiligt war, rief beispielsweise ein Mann an und sagte, er glaube kein Wort von dem, was ich so redete. Sein Angriff richtete sich nicht allein gegen meine Worte, sondern gegen mich persönlich. Ich war mir in dem Moment sehr deutlich bewusst, wie stark mich das verunsicherte, und ich versuchte gar nicht erst, der Sache auszuweichen, um sie herumzureden oder von oben herab mit noch mehr Klugheit aufzuwarten. Ich sah meine Glaubwürdigkeit infrage gestellt, aber ich blieb einfach in dieser Verunsicherung sitzen. Ich hatte Bammel und blieb sitzen. Ich ließ alles geschehen, ich unternahm nichts gegen diese Unannehmlichkeit, und so konnte ich schließlich in Frieden damit sein, sodass es völlig in Ordnung war, wenn jemand nicht auf das einging, was ich eigentlich meinte. Es machte nichts. Mir wurde auch bewusst, wie wichtig es für mich und meine Entwicklung war, dass jemand in aller Öffentlichkeit auf mich losging und meine Auslöser betätigte. Ich setze mich solchen Situationen aus, weil ich mich überall in dieser Welt zu Hause fühlen möchte.

Ich bin hier. Mich gibt es. Sieh zu, wie du damit zurechtkommst.

MITTAG

Vielleicht drang heute Morgen gerade der erste fahle Schimmer von Tageslicht durch die Vorhänge. Alle schliefen, auch die Haustiere. Das Haus war still, so herrlich still.

Dann legte plötzlich das Telefon los, wirklich ein schauriges Geräusch so früh am Morgen. Und überall! In der Küche, im Wohnzimmer, im Arbeitszimmer. Dein Kind wurde wach, erste Schreie mischten sich in den Lärm des Telefons, dicht gefolgt vom Bellen des Hundes.

Du wusstest bereits, wer dran sein würde. Dein Berserker-Chef. Er kann nicht schlafen, und Grenzen oder Privatsphäre kennt er nicht. Er fühlt sich berechtigt, dich zu jeder Tages- und Nachtzeit zu Hause anzurufen. Du hast kerzengerade im Bett gesessen. Deine Frau warf dir einen Blick zu, der alles sagte. Dann stand sie auf und versuchte das Baby zu beruhigen.

Es war schon das dritte Mal in diesem Monat, dass dein Chef diese Nummer abzog.

Dein Chef ist ein Auslöser für dich. Du erkennst es daran, dass du dich nicht aufraffen kannst, dir dieses völlig un-

angemessene Verhalten zu verbitten. Dich nicht einschüch-
tern zu lassen, sondern ihm klar und einfach die Grenze
aufzuzeigen.

Weshalb kannst du es nicht?

Geh davon aus, dass es dabei um dich geht, um etwas,
was du über dich wissen solltest.

Um es zu wiederholen: Wenn unsere Auslöser betätigt
werden, ergeben sich gerade dadurch Entwicklungschancen.
Anstatt den Kopf einzuziehen, den Rollladen herunterzulas-
sen und das Ganze zähneknirschend und artig lächelnd zu
ertragen, könntest du doch auch mal standhalten und wahrnehmen, was dieser Auslöser dir über *dich* sagt. Im Falle dieses Anrufs sind es wohl Ängste, Befürchtungen und ein Gefühl von Machtlosigkeit, die dir nicht erlauben, das zu tun,
was eigentlich anstünde.

Bleib offen und durchlässig – und diese Energien werden
sich nicht an dich heften können. Sie liegen dir dann nicht
wie ein Stein im Magen, sondern sind kleine Boote auf dem
mächtigen Fluss, der ungehindert seinen Lauf in dir nimmt.
Und du bist dann so klar, dass du gelassen und mit Augen-
maß reagieren kannst.

Auslöser sind nun einmal da, und es bleibt nicht aus, dass
sie betätigt werden. Es muss kein verrückter Chef sein. Wir
alle sind schon Menschen begegnet, bei denen sich uns unwillkürlich die Haare aufstellen. Dann spüren wir, wie wir
zurückprallen, zumindest innerlich. Ich habe eine Freundin,
in der bei solchen Gelegenheiten der Ausdruck »großer Bo-
gen« laut wird. Aber wir können eben nicht immer ausweichen. Und außerdem sind die Menschen, auf die wir so reagieren, manchmal unsere besten Lehrer.

Diese ätzende Kollegin, die dich immer mit so abschätzigen Blicken zu messen scheint und dir wirklich den letzten Nerv raubt – weshalb geht sie dir eigentlich so auf die Nerven? Weshalb denkst du, ihr Verhalten sei persönlich gemeint?

Sie ist ein Spiegel. Sie löst etwas in dir aus, was du nicht so gern wahrnimmst, was aber trotzdem da ist.

Achte heute einmal genau darauf, was eigentlich passiert, wenn dich jemand verunsichert. Nimm dir einen Augenblick Zeit dafür. Was geht da vor sich? Welche Gefühle steigen ganz aus der Tiefe auf? Und was hat dieser Auslöser dir Wichtiges zu sagen?

ABEND

Wende dich noch einmal diesem gerade ausklingenden Tag zu, als würdest du dein Bewusstsein wie ein Netz auswerfen, dem nichts entgeht. Erinnere dich nach bestem Vermögen an die Augenblicke, die Erlebnisse, die Menschen, die Begegnungen. Was hast du im Netz? Lauter kleine Krebse? Perlen?

Bei deinem Spaziergang durch den hinter dir liegenden Tag triffst du sicher auf Augenblicke, die klar und wohltuend waren – Tee mit einer alten Freundin, ein herzerfrischender Anruf von einem deiner Kinder, ein flotter kleiner Spaziergang nach dem Abendessen. Aber es gab sicher auch andere Augenblicke, die nicht dieses Klare und Wohlige hatten, die du lieber gleich vergessen würdest. Wende dich diesen Augenblicken jetzt einmal bewusst zu.

Vielleicht gibt die Familie deines Ehepartners dir immer wieder durch die Blume zu verstehen, dass du nicht dazugehörst. Vielleicht kommt es immer wieder zum gleichen Streitgespräch mit deiner Frau. Oder ist da ein Freund, dessen Freundschaft du dir nicht gar so sicher bist, weil er es immer wieder schafft, dich zu verwirren?

Es sind lauter Auslöser. Wir würden am liebsten vor allem weglaufen, was Unbehagen in uns auslöst, aber heil werden wir nur, wenn wir diesen Dingen gerade *entgegengehen*. Wir möchten das nicht, alles in uns möchte sich abwenden. Wir möchten nicht fühlen, was da zu fühlen ist. Aber unsere Auslöser sind eigentlich dazu da, uns zu immer mehr Selbstbejahung zu führen.

Überlass dich also einfach einmal diesem Unbehagen, lass dich all das erleben, was dieser Mensch in dir auslöst. Was dich in Bewegung bringt und bewegt, befreit dich. Es beleuchtet das in dir, worüber du Bescheid wissen musst.

Wer in Frieden mit sich selbst lebt, der ist nicht zu verunsichern: Er reagiert nicht gereizt, er wird nicht ärgerlich, er wird nicht wütend. Es ist schlichtweg nicht möglich. Und wenn es alle auf dich abgesehen haben – sie richten nichts aus. Du bist nicht aus der Ruhe zu bringen, du bist nicht zu erschüttern.

Komm jetzt mit deiner Tagesrückschau zum Ende und wirf noch einen letzten Blick auf all das Auf und Ab mit seinen vielen Auslösern. Sie einfach nur wahrnehmen, das ist ein wunderbarer Ausgangspunkt. Sieh sie als lauter kleine graue Kieselsteine, und du selbst, dein Körper wird ein Gewässer, immer größer und weiter, bis du ein tiefer, atemberaubend schöner See bist, von Bergen umringt. Still, kein Wassersport. Heiter, gelassen, spiegelglatt.

Und jetzt nimmst du die grauen Kiesel und wirfst einen nach dem anderen ins Wasser, wobei du jedem einen zu der

Situation passenden Namen gibst. Wirf sie hinaus in die Weite deiner selbst und sieh den Wellenkreisen zu, die sie für eine Weile noch hinterlassen. Sie sind umso kleiner, je größer du als See geworden bist. Dieses Große und Weite soll dich jetzt in den Schlaf begleiten.

Wenn irgendetwas morgen wieder deine Auslöser betätigt, kannst du hierher zurückkommen, dich wieder groß und weit werden lassen – dein Herz, deine Seele, deinen Geist. Dann sieh zu, wie sich die Wellenringe auf der schimmernden Oberfläche des Sees verlieren.

13. Tag Sich ergeben

Morgen

Ich war dreiundzwanzig, als ich in jener unglaublich intensiven Neujahrsnacht an meine Belastungsgrenze kam. Heute ist mir klar, dass mir damals zuerst einmal alles genommen werden musste, bevor es zu echten Veränderungen kommen konnte – und dass mir nichts Besseres hätte passieren können.

Vor Angst zitternd und panisch wimmernd überstand ich diese Nacht irgendwie, und schließlich konnte ich mich diesem Zustand nur noch ergeben. Als ich endlich begriff, dass all das vom Göttlichen ausgehen musste, beruhigte sich die Situation schlagartig. In diesem Moment entschied ich mich, nicht mehr dagegen anzukämpfen, auch wenn mir völlig schleierhaft war, wohin das Ganze noch führen würde. Ich hatte keine andere Wahl mehr. Das ist ja auch die Bedeutung des Wortes »Vertrauen«: Du überlässt dich, ohne zu wissen, was dann passieren wird. Irgendwie ahnte ich, dass die Ereignisse als eine Einladung zu verstehen waren. Eine Einladung, mich an die Schulter des Göttlichen anzulehnen. Ganz aus der Tiefe und sehr klar stieg die folgende Bitte aus mir auf:

»Hilf mir. Ich habe lange genug versucht, es selbst zu schaffen. Was auch kommen mag, ich bin bereit.«

Mir war übel, so als drehte sich mir der Magen um, und eine schreckliche Nervosität kam über mich, gepaart mit der bereits bekannten Todesangst. Es fühlte sich an, als würde ich von etwas Großem und Gewaltigem mitgerissen. Tief in mir spürte ich, dass von nun an nichts mehr so sein würde, wie es bisher gewesen war, auch ich selbst nicht. Das Gefühl, das mich erfasste, hatte einerseits etwas von der bangen Erwartung, mit der man zu einem ersten Date geht, und andererseits war es wohl ein bisschen wie das, was man vielleicht auf dem Sterbelager bei seinem letzten Atemzug empfindet. Hier diese eigenartige Mischung von Beklommenheit und Hochgefühl, von etwas, dem man schon lange entgegenfiebert, und auf der anderen Seite tiefe Angst und eine Art Traurigkeit, weil mein bisheriges Leben jetzt zu Ende ging. Ich ergab mich all dem hundertprozentig und erlebte das Göttliche, ganz und gar.

Sicher ist es nicht für jeden genauso. Wenn wir uns völlig ergeben, werden wir empfänglich für alles, was da kommt – was es auch sei. Manche erfahren dann vielleicht auch ihre Verbundenheit mit Gott. Aber letztlich kommst du einfach an einen Punkt, an dem dir klar wird, dass du mit der jeweiligen Situation nicht mehr allein zurechtkommst und überfordert bist. Ein Punkt, an dem du damit aufhörst, dir unablässig vorzubeten, wie alles Mögliche sein sollte oder sein müsste. Das Leben zwingt dich dann in die Knie, weil du die Last einfach nicht mehr allein tragen kannst.

Sich auf der Seelenebene zu ergeben geht von zwei einfachen Wörtern aus, die alles verändern: *Hilf mir.*

Wenn du einen besonders schwierigen Tag hast und nicht mehr aus noch ein weißt oder von Panik erfasst wirst, kannst du dir immer sagen, dass es einen sicheren Ort gibt, an dem du vollkommen angenommen bist. *Hilf mir.* Einen Ort, an dem du in all deiner Sanftheit und Verletzlichkeit umarmt wirst. Hier hat das Schöpferische in dir sein Zuhause. *Hilf mir.* Einen Ort, an dem die Erinnerungen an Ärger, Wut und Depression zu Fabeln der Vergangenheit werden, sie gehören zu einem früheren Ich, das du einmal als deine Wahrheit angesehen hattest.

Mittag

Geh heute, nur heute, mit leichten Schritten. Begegne jedem Augenblick in freundlicher Aufgeschlossenheit, mit ruhiger Sicherheit und ungeschützt. Auf dem Weg zur Arbeit wechselst du nicht ständig die Spur, um Sekunden zu schinden, sondern löst die verkrampften Hände, hörst dir schöne Musik an und rollst auf der rechten Spur dahin.

Kannst du dich so durch diesen Tag bewegen, als hättest du ihn bereits gelebt? Jetzt beim zweiten Durchgang würdest du die Stunden und Ereignisse doch sicher gelassener durchmessen, alles ist ja bereits passiert. Du brauchst dir keinen Druck zu machen, du musst nicht kämpfen und nichts durchsetzen.

Du musst die Dinge nicht beeinflussen oder steuern, du brauchst nur noch präsent zu sein.

Gib also heute einmal nach, ergib dich. Hetze nicht von Stunde zu Stunde und von hier nach da, sondern bewege dich gemächlich. Du musst nichts krampfhaft durchsetzen, sondern nur mit dem Fluss mitfließen. Leg es förmlich darauf an, langsamer zu werden. Bewusst zu atmen. Vielleicht möchte alles in dir losrennen wie ein Windhund auf der Rennbahn, aber ich bitte dich inständig, dem nicht nachzugeben. Das Rennen und Hetzen ist Energieverschwendung. Tanze das Leben lieber in fließenden, schwungvollen, sehr bewussten Bewegungen.

Vielleicht musst du heute viele Male nachgeben. Oder dich mehrmals darauf besinnen, die Ereignisse des Tages wie zum zweiten Mal zu durchleben. Dein Verstand ist es gewohnt, wie ein Weberschiffchen zu flitzen, die Welt, in der wir heute leben, ist auf diese Geschwindigkeit eingestellt und belohnt die, die mithalten können. Der Preis dafür ist sehr, sehr hoch. Wer durchs Leben hetzt – immer darauf aus, seinen Willen durchzusetzen –, tut das auf Kosten seiner Verbundenheit mit dem Göttlichen und seiner inneren und äußeren Harmonie. Hektik erzeugt immer mehr Hektik, und sie entfernt dich immer weiter von dir selbst.

Bleib lieber in der Verbindung mit deiner Seele.

Verbinde dich mit diesem Grund in dir, der Quelle, die unaufhörlich sprudelt und nur darauf wartet, dass du aus ihr schöpfst. Sei heute geduldig mit dir selbst. Sei gütig zu dir. So einfach es ist, das Tempo rauszunehmen und nachzugeben – leicht fällt es uns nicht. Vieles möchte uns im Altbekannten festhalten.

Gib nach. Und stell dir vor, du könntest immer so leben, nicht nur heute.

Ich verrate dir etwas: Du kannst es wirklich.

ABEND

Wir plumpsen ins Bett und stopfen uns Stöpsel in die Ohren. Vorher noch das Schlafmittel. Womöglich betäuben wir
uns zudem auch noch mit dem Fernseher. Oder wir wälzen
uns von einer Seite auf die andere und grübeln den Ereignissen des Tages nach, falls wir nicht schon bei all dem sind, was
morgen so ansteht. Manchmal betrachten wir den Schlaf als
Feind, obwohl er doch unser bester Freund ist. Schlaf ist Er-
gebung. Im Schlaf überlassen wir uns der tiefsten Tiefe unserer Psyche, unseres Bewusstseins. Der Dalai Lama sagt über
den Schlaf, er sei »die beste Meditation«. Hier spielt sich einiges ab, hier können wir uns unserer wahren Aufgabe widmen.

Wie ziehen wir also den größten Nutzen aus diesem Land
des Schlafes und der Fülle?

Fangen wir mit dem Wichtigsten an, ohne das einfach gar
nichts geht: Vertrauen.

Fragen wir uns einmal: Worauf kann ich mich wirklich
verlassen?

Um vertrauen zu können, brauchen wir etwas, was uns
sicher trägt. Unterbrich die Lektüre für einen Moment, und
sieh dich um. Ist alles hier, was du brauchst, um dich wohl
und geborgen zu fühlen? Wann hast du dich das letzte Mal
gefragt, was du dafür brauchst?

Die Matratze unter dir. Deine Zudecke. Dein geliebtes
Kopfkissen. Ein Glas Wasser neben dem Bett oder eine Tasse
dampfender Tee. Ist dir warm genug? Zu warm? Sollte das
Fenster besser offen sein? Vielleicht wäre ein laues Lüftchen
angenehm, das die Klänge der Natur zu dir hereinträgt.

Wenn nicht alles so ist, wie du es brauchst, um dich fallen lassen zu können, dann kümmere dich kurz darum. Ich warte. Arrangiere dich nicht mit dem Vorhandenen, sondern sieh zu, dass du rundum gut versorgt bist und dir nichts fehlt.

Gut. Bist du wieder da? Alles bereit?

Dann kannst du dich jetzt fallen lassen. Du bist eingeladen, dich dem Unbekannten anzuvertrauen. Du lässt los und ergibst dich etwas sehr Großem und Weitem. Du bist nun eingeladen, dich dem Göttlichen anzuvertrauen.

Als du auf die Welt kamst, wusstest du das alles, niemand musste es dir beibringen. Du hast dich einfach fallen lassen, du kanntest ja nichts anderes. Begib dich jetzt an einen inneren Ort der Unschuld – in einen Zustand, noch bevor die Angst existiert. In einen Zustand, noch bevor die Traurigkeit, der Ärger und die Selbstverurteilung existieren. Da ist nichts weiter als Hingabe, ganz ohne Hintertürchen. Lass dich fallen, und versetz dich so in einen Zustand, in dem du alles bekommst, was du brauchst.

Schlaf jetzt ganz friedlich.

Wie ein kleines Kind.

Lass los.

Mögliche Veränderungen
Eine Übung

Da du jetzt mit diesem neuen Fließen der Gefühle und dem Abbau von Dichteenergie vertraut
geworden bist, kannst du dir einmal überlegen,
was sich künftig in deinem Leben ändern sollte.
Gesundheitlich, finanziell, in deinen Beziehungen
oder auch im Hinblick auf deine Verbundenheit
mit dem Geist – was möchtest du da anders machen? Schreib alles auf ein Blatt Papier, das du
anschließend in einen Umschlag steckst. Lass
den Umschlag offen und leg ihn an einen Platz,
wo du ihn leicht wiederfindest. Du wirst
später auf ihn zurückgreifen wollen.
Denn das hier ist erst der Anfang.

14. TAG

VERÄNDERUNGEN UND MEHR

MORGEN

Es liegt in unserer Natur, am Augenblick festhalten zu wollen. Was auch geschieht, gut oder schlecht, wir greifen danach wie nach einem Ast über tosenden Stromschnellen. Wir müssen unbedingt diesen Ast erwischen, denn in das schäumende Wasser unter uns mit seiner reißenden Strömung wollen wir auf keinen Fall.

Aber das Leben steht nie still. Es fließt, alles ringsum ist in Fluss, und wir können nichts dagegen tun. Nicht umsonst heißt es: Man steigt nicht zweimal in denselben Fluss.

Doch wir fürchten den Wandel. Wir wünschen uns eine Kristallkugel. Irgendwer soll uns sagen, was uns erwartet. Dabei entgeht uns aber, dass Energie sich stetig verändert und immer weiterentwickelt und auch wir nur durch Veränderung in der Lage sind, uns in unserem Schwingungsraum zurechtzufinden. Durch Loslassen kommen wir auf Augenhöhe mit dem universalen Prinzip des *Mehr*. Veränderung ist immer gut, auch wenn es nicht immer danach aussieht. Letztlich führt sie uns zu etwas, das nicht nur neu, sondern in irgendeiner Weise auch *mehr* ist als das, was wir bisher kannten. Alles in der Natur bestätigt das. Zu Veränderungen kommt es durch die Entwicklung deiner Energie, ein neues energetisches Niveau zieht immer auch eine veränderte Realität nach sich. Angst vor Veränderungen erzeugt dagegen Stress, sie stemmt sich gegen deinen tiefen natürlichen Impuls.

Richte dich nicht im Altbekannten ein! Die Dinge ändern sich, darauf kannst du dich verlassen. Am Himmel siehst du die Wolken ziehen, und selbst wenn du still unter einem Baum sitzt, bewegt der leichteste Windhauch die Blätter. Diese Erde ist ständig in Bewegung und entwickelt sich. Die Sonne geht auf und unter. Das Meer hebt und senkt sich mit den Gezeiten. Überall führt uns die Natur das Prinzip des Fließens vor Augen. Eigentlich erinnert uns alles ständig daran, dass Stillstand und Schwingungsdichte dasselbe sind. Wenn wir die Dichte, die uns festhält, lösen und abbauen möchten, müssen wir den Wandel nicht nur hinnehmen, sondern begrüßen.

Lass los. Das Festhalten der Vergangenheit oder auch dieses gegenwärtigen Augenblicks lässt nicht zu, dass das Mehr seinen Weg zu dir findet. Und darum geht es doch letztlich: Annehmen und Fülle.

Die Welt möchte dir mehr geben. Wenn du ganz still wirst, vernimmst du ihr Flüstern fast: *mehr, mehr, mehr* ... Sei das Wasser da im Flussbett, frei und ungehindert strömend. Sicher wird an den Ufern auch einiges an Treibgut angeschwemmt und bleibt liegen, du aber bist das Wasser, du fließt weiter, und nichts kann dich aufhalten.

Der Wandel ist ein Naturgesetz. Nimm ihn freudig an.

Mittag

Heute Morgen bist du wahrscheinlich mit Vorstellungen vom bevorstehenden Tag aufgewacht. Dein Terminkalender ist voller Vorhaben: ein Zahnarztbesuch, ein Vorstellungsgespräch, der Spinning-Kurs. Du hast dir den Wetterbericht angesehen, für das Abendessen einen Tisch reserviert.

Dann hat sich das Leben selbst aber eingemischt.

Ich möchte dir von einer Freundin erzählen, die ihren Sohn kürzlich ins Internat gebracht hat. Sie und ihr Mann hatten ziemlich genaue Vorstellungen davon, wie das Ganze ablaufen sollte. Den Nachmittag würden sie noch bei ihrem Sohn verbringen, dann, nach dem tränenreichen Abschied, würden sie sich in einem Landgasthof einquartieren und dort übernachten, um sich vom Sturm der Gefühle zu erholen. Es kam alles ganz anders. Der Abschied wurde gar nicht so schwierig wie befürchtet, alles war so aufregend neu, und alle waren bester Laune. Meine Freundin und ihr Mann genossen später sogar ihr Abendessen in dem Landgasthof. Am nächsten Vormittag jedoch bekamen sie einen Anruf und wurden darüber in Kenntnis gesetzt, dass ihr Sohn gestürzt sei und sich ein Bein gebrochen habe. Er war schon auf dem Weg ins Krankenhaus, wo das Bein geröntgt werden sollte. Die beiden mussten also zurück zur Schule.

Pläne! Nicht umsonst heißt es: Wir planen, Gott lacht.

Natürlich müssen wir unseren Tag strukturieren, schließlich haben wir alle Zeitpläne, Blackberrys und Terminkalender voll mit Einträgen, die noch Monate in der Zukunft liegen. Das ist durchaus nützlich, wenn wir einen Überblick behalten wollen. Aber als Vorlage für etwas, was dann Realität werden soll, taugt es nicht. Dass wir solcherlei Pläne machen könnten, ist pure Illusion.

Das Leben ist immer im Fluss, jeden Tag, jede Minute. Aber wie gehen wir jetzt mit dieser Gewissheit um, dass sich alles ändert? Schließlich liegt der Wunsch nach Sicherheit und Verlässlichkeit in unserer Natur. Wir lieben Gewissheit – trotz des lebendigen Wissens tief in uns, dass es sie nicht gibt.

Dein Tag wird nicht wie geplant verlaufen, jedenfalls nicht ganz so. Hoffen wir, dass er nichts so Schlimmes beinhaltet wie einen Beinbruch. Aber er wird sicher Überraschungen für dich bereithalten, und manches wird zu improvisieren sein. Das Leben bringt immer Unerwartetes mit sich. Was für ein Glück! Möchten wir wirklich, dass sich unser Tag genau wie geplant abspult? Würde das noch Spaß machen?

Wenn du jetzt ins Unbekannte aufbrichst, nimm dir für heute vor, alles so zu nehmen, wie es kommt, dich geschmeidig und spontan auf die Überraschungen einzulassen, die dich möglicherweise erwarten. Dein Chef brummt dir etwas Schwieriges auf? Großartig! Atme hinein. Ein plötzlicher Regenguss und kein Schirm? Dann wirst du eben nass, und die Frisur ist ruiniert. Na und? Überraschender Abendbesuch? Ruf den Pizzaservice an!

Die Dichte und Starre unseres Beharrens auf einem bestimmten Verlauf, den die Dinge zu nehmen haben – die gilt es abzulegen. Am besten streichst du die dazugehörigen Ausdrücke wie »es soll aber« und »das ist unfair« aus deinem Vokabular.

Heute geht es um Offenheit, um Haltung, um Bejahung, letztlich um die Einsicht, dass Veränderungen immer Raum für mehr schaffen. Wir wissen nicht, welche Veränderungen auf uns zukommen, aber wir können darauf bauen, dass Expansion und Wandel in der Natur dieses Universums liegen. Veränderungen sind so natürlich wie der Fakt, dass drückend schwüles Wetter ein Gewitter ankündigt, das wiederum eine wunderbar klare und kühlere Luft hinterlässt. Es ist unumgänglich. Veränderungen leiten Neues ein und sind wirklich ein Segen.

Leg heute mal nicht für dich fest, wie das Leben zu sein hat.

ABEND

Wenn du im Bett liegst, dann spann einmal alle Muskeln an. Ja, jetzt. Zuerst die Fußgewölbe, dann aufwärts, Beine, Bauch, Fäuste, bis du schließlich das Gesicht verziehst und die Zähne zusammenbeißt. Bleib so für ein paar Minuten. Dann lass los.

Das ist anstrengend, nicht wahr?

In solcher Anspannung zu leben, festzuhalten, das zermürbt uns mit der Zeit.

Besser ist es, sich an nichts festzuklammern. Es gibt keinen triftigen Grund dafür.

Alle Welt versucht uns einzureden, dass wir uns abmühen und abrackern müssten. So sei es nun mal im Normalfall. Dahinter steht die Annahme, dass wir unser Schicksal und das unserer Lieben in die richtigen Bahnen lenken könnten, wenn wir uns nur entschlossen genug dafür einsetzen. Wir häufen Besitz an, bauen uns eine Festung, bilden Vermögen und reden uns ein, das alles werde uns Schutz bieten. Wir ermöglichen unseren Kindern die bestmögliche Ausbildung, um ihnen Glück und Erfolg zu sichern. Sie sollen es einmal besser haben, sagen wir uns, sie sollen nicht kämpfen müssen, Kummer und Schmerz mögen ihnen erspart bleiben. Daran halten wir fest, als ginge es um unser Leben. Aber dabei entgeht uns, dass wir die Dinge nicht wirklich in der Hand haben.

Von Augenblick zu Augenblick verändern sie sich. Beim Ein- und Ausatmen geschieht Veränderung. Wenn wir morgens aufstehen und zur Arbeit gehen, geschieht Veränderung. Und auch wenn wir unsere Kinder zum Bus bringen, geschieht Veränderung.

Hast du schon einmal bewusst die Veränderungen an einem Baum im Jahreslauf verfolgt? Wie im Frühling die Knospen an den Ästen anschwellen und sich bis zum Sommer das üppige Grün des Laubs entfaltet, wie die Blätter sich im Herbst verfärben, welk werden und abfallen, bis sie schließlich unter einer Schneedecke verschwinden? Jeder Moment ist wie solch ein Zyklus, nur bemerken wir das nicht. Uns selbst beobachten wir nicht wie einen Baum. Wir nehmen uns eher als fest gefügt und gleichbleibend wahr. Aber wir ändern uns, solange wir am Leben sind.

Denk mal ein Jahr zurück. Bist du noch der Mensch, der du damals warst? Entwicklung vollzieht sich immer, ob wir nun große oder kleine Zeiträume ins Auge fassen – eine Generation, ein Leben, ein Jahrzehnt, ein Jahr, einen Tag, eine Stunde oder eine Minute. Unsere Entwicklung können wir ebenso wenig verhindern wie ein Baum seine Blüte.

Jetzt streckst du dich aus in deinem Bett und wanderst innerlich noch einmal durch deinen Körper, um die Stellen ausfindig zu machen, die noch angespannt oder verkrampft sind. Stell sie dir weiträumig und von Licht durchflutet vor.

Veränderungen stehen bevor, jederzeit.

Wenn wir das annehmen können, liegt darin eine große Freiheit. Sieh dich einmal als einen Baum, wenn du jetzt die Augen schließt und einschläfst. In welcher Jahreszeit befindest du dich gerade? Zeitiges Frühjahr? Hochsommer? Fühlst du herbstliche Wehmut? Das winterlich Kahle? Was es im Moment auch sei, es wird sich ändern und weiterentwickeln. Das ist die *eine* echte Gewissheit.

Wandel. Darauf kannst du dich verlassen.

Und sei dir gewiss, dass er dich immer zu einem »Mehr« führen wird.

15. Tag Licht

Morgen

Schließ die Augen und sieh dich von einem strahlend goldenen Meer der Energie umgeben. Wenn sich Widerstand in
dir regt und du meinst, eine solche Meditation sei nichts für
dich, dann lass dich trotzdem auf sie ein. Vertrau mir. Mit
dieser goldenen Energie geht ein Gefühl von Liebe einher,
reiner, als du sie je erlebt hast. Du kannst sie fühlen, beinahe
anfassen. Sie ist rings um dich herum präsent, du brauchst
deinerseits nur für sie da zu sein. Du darfst es durchaus reiz-
voll finden, mit diesem wunderbaren goldenen Licht in Kontakt zu kommen.

Beschäftige dich damit für ein paar Augenblicke, bevor
dein Tag beginnt, bevor die Kinder dich brauchen und die
ersten E-Mails reinkommen. Jeder kann das, auch du.

Mach deine Zehen bereit, dieses goldene Leuchten zu
empfangen. Dann die Füße, die Unterschenkel, die Knie.
Weiter aufwärts fließt es in die Oberschenkel und ins Becken,
dieses goldene Licht, diese Liebe. Lass es sich in deinem Bauch
und Sonnengeflecht ausbreiten, dann im Rücken, aufwärts
fließend, in deinen Brustraum und Schulterbereich strömen,
in die Oberarme, Ellbogen und Unterarme und dann in die

Hände bis zu den Fingerspitzen. Das goldene Licht fließt dann weiter aufwärts in die Kehle, die Kiefer, in Mund, Nase, Augen, Ohren und Stirn, bis es schließlich deinen ganzen Kopf bis zum Scheitelpunkt erfüllt.

Sollte es dir schwerfallen, all das zu fühlen, bleib trotzdem dran. Es ist dein Geschenk an dich, nimm es an. Was kann schon passieren?

Das Leuchten füllt dich jetzt ganz und gar aus, sodass kein Unterschied mehr zwischen der leuchtenden Liebe in dir und der leuchtenden Liebe um dich herum besteht.

Erlaube dir, ein wenig darin zu verweilen. Das ist dein wahres Wesen, nimm es ganz bewusst in dich auf. Du hast dir die Zeit genommen, den Widerstand abgelegt und alle Stimmen in dir zum Schweigen gebracht – danke dir dafür. Die Trennung zwischen dir und dem Göttlichen ist aufgehoben.

MITTAG

Du bist nicht allein. Da ist ein Licht in dir, das dich auf Schritt und Tritt begleitet. Es ist wie ein sanftes Strahlen, ein Gefühl von ruhiger Gelassenheit, das dir Schutz bietet. Alle Tage ist es von früh bis spät um dich, und heute nun sollst du einmal bewusst in diesem Wissen verweilen, dass du nicht allein bist.

In jedem Augenblick kannst du das Licht fühlen. Beim Mittagessen mit einer Kollegin. Beim Überqueren der Straße. Im Aufzug. Im Wagen. Beim Einkaufen oder Geschirrspülen. Das Licht ist bei dir.

Dabei fühlst du dich weit, ausgeglichen, friedvoll und ganz. Du nimmst dir Zeit zu sehen und wahrzunehmen, was gerade ist. Die Zeit selbst wird langsamer.

Du wirst absolute Liebe fühlen.

Du wirst das Licht auch in anderen erkennen; es ist das Licht des Göttlichen. Alles Trennende fällt von dir ab. Du wirst empfänglich und du lauschst. In der Ausrichtung auf dieses Licht wechselst du von der Angst in die Liebe. Es ist für uns der vielleicht wichtigste Übergang von allen.

Du wirst deine Seele und die Seelen der anderen spüren.

Achte heute einmal darauf, dass dieses Licht nicht nur in dir ist, sondern alle Menschen begleitet, die dir im Laufe des Tages begegnen. Sieh das Gute in allen, lass dir keinen dieser Sonnenstrahlen entgehen.

Mach dir bewusst, dass überall auch Freundlichkeit, Großzügigkeit, guter Wille, Klarheit und Weisheit sind. Wer nach ihnen schaut, dem begegnen sie überall.

Sieh das Licht in deinem Ehepartner oder Lebensgefährten, deinen Kindern, deinen Nachbarn. Sieh es in deinen Haustieren, es ist in allen Lebewesen.

Es geht nur darum, dieses Licht wahrzunehmen. Wenn du es aus den Augen verlierst, kommst du einfach wieder zu ihm zurück. Falls es anstrengend oder schwierig wird, schließ kurz die Augen, um es fühlend zu erfassen. Du wirst da etwas vorfinden, eine Energie, etwas, das uns alle begleitet, etwas Ursprüngliches. Und ganz in der Tiefe weißt du dann, dass du nicht allein bist. Du warst nie allein, und du wirst es nie sein.

ABEND

Ich bin goldenes Strahlen, ich bin deine Liebe, ich bin das, wonach du dich wissend oder nur ahnend dein Leben lang gesehnt hast. Ich liebe dich, bei mir bist du bedingungslos angenommen. Du bist meine vollkommene Schöpfung, mein Werk.

Bei deiner Geburt habe ich deine Herrlichkeit bestaunt. Wir sind nie getrennt gewesen, nie fern voneinander. Dein Herzschlag und meiner sind gleich. Ich bin der Atem, der dich weitet. Ich bin das Licht, das deine Gestalt belebt. Ich bin die Liebe, die deine gesamte Erfahrung durchflutet. Ich bin das Strahlende an dir, die Segenskraft, die durch dich in die Welt fließt. Du bist mein langer Arm, mein Gesandter, durch dich kann ich meine ganze Schöpfung lieben. Du verkörperst alles, was mir wichtig ist.

Ich bin immer bei dir.

Ich war im Mutterschoß bei dir und bei deiner Geburt, bei deinem ersten Schrei, deinen ersten Tränen und Worten. Ich war da, als du laufen lerntest, und an deinem ersten Schultag, ich war da, als sie es auf dem Spielplatz auf dich abgesehen hatten, als du Lieblingsschüler deines Lehrers warst, als du dich zum ersten Mal verliebtest. Dein Auszug von zu Hause, dein erster Job, deine erste Beförderung, die Geburt deiner Kinder – ich war da. In Kummer und Verlust, am Beginn und am Ende von Freundschaften, beim Umzug in eine ganz andere Gegend und beim Tod deiner Eltern war ich da. Und ich war da, als du die ersten Falten an dir entdeckt und dir die ersten grauen Haare ausgezupft hast.

Nicht einen Moment war ich fern. Mach dir das bewusst, bis du es weißt – mit jeder Faser deines Seins. Bis du weißt, dass ich mit dir gehe und in dir lebe. Zwischen uns besteht kein Unterschied, ich bin du. Sei getrost, streck dich in dieser beruhigenden Gewissheit aus wie auf einer weichen Unterlage in einem Streifen Sonne.

Bade darin. In mir. Ich wache über dich, wenn du jetzt schläfst. Ich erwarte dich, wenn du aufwachst.

16. TAG ACHTERBAHN

MORGEN

Kurzmeldung: Das Leben kennt keine Unterbrechungen, nicht für eine Stunde, nicht für eine Nanosekunde.

Wenn wir das Leben unter Kontrolle haben wollen, umschließt es uns immer nahtloser und dichter – wie eine chinesische Fingerfalle: Je mehr wir uns mühen, unseren Finger herauszuziehen, desto fester wird er umschlossen.

Wir sind jetzt ungefähr auf der Hälfte unserer Dichte-Entschlackungskur, und vielleicht entdeckst du an dir bereits eine neue Selbstverständlichkeit und Leichtigkeit im Umgang mit der Welt. Ich meine das, was man bei manchen Leuten in der Achterbahn beobachten kann. Ein Typ Achterbahnfahrer klammert sich an die Haltestangen, dass die Knöchel weiß hervortreten, im Gesicht schieres Entsetzen. Diese Leute wären gar nicht erst hier, hätte sie nicht ein Vertreter des zweiten Typs dazu überredet. Der hält sich womöglich gar nicht fest und kreischt vor Wonne da oben kopfüber, so frei, so voll kindlicher Begeisterung.

Welcher der beiden möchtest du sein? Und wie möchtest du dich auf der Achterbahn des Lebens fühlen? Möchtest du wie versteinert und unerreichbar sein oder die Hände frei haben, um das Leben bis zum letzten Tropfen auszukosten? Wenn du stirbst, wie möchtest du dann gelebt haben?

Ich sage ja nicht, dass es einfach ist. Die Achterbahn hat Berg und Tal, Berg und Tal, und das Leben kann ein wahres Wechselbad der Gefühle sein – Angst, Ärger, Enttäuschung, Verlust und Trauer, aber dann auch wieder Erfüllung, Freude, Frieden und tiefe Liebe. Wenn die Fahrt mit der Achterbahn Spaß machen soll, ist es wichtig, für den Lauf des Lebens offen zu bleiben, anstatt das nicht Beherrschbare beherrschen zu wollen. Das Geheimnis heißt *zulassen*. Du erinnerst dich: Angst ist eine Energie, die wir einfach durch uns hindurchlassen können.

Die Angst vor der Achterbahnfahrt steht in keinem Verhältnis zu dem, was tatsächlich passieren könnte. Angst übertreibt gern, das liegt in ihrer Natur. Das Leben mag Haarnadelkurven haben, die in halsbrecherischer Geschwindigkeit zu nehmen sind, trotzdem können wir in Frieden bleiben, wenn wir uns dem Geschehen nicht verschließen. Eine junge Frau, die ich kenne, stand mit einem sehr kleinen Auto – einem Mini Cooper – an der Ampel, als ein Stadtbus mit voller Wucht von hinten auffuhr. Ihr Wagen war vollkommen zerstört, aber sie selbst stieg unverletzt aus. Später erzählte sie mir, ihr Körper sei beim Aufprall vollkommen erschlafft. Sie ließ einfach vollständig los. Wer weiß, was passiert wäre, hätte sie sich versteift. Ich mag es mir gar nicht ausmalen.

Wenn wir angespannt und entsprechend undurchlässig sind, muss die Angst dicht werden, weil sie nirgendwohin kann. Sie sammelt sich in uns an und nimmt uns schließlich ganz ein – und wir wissen gar nicht, wie uns geschieht. Aber wir können die nachgiebige Haltung meiner jungen Freundin in

alle Situationen des Lebens hineintragen. In der Offenheit können wir die Dinge fließen lassen, ohne dass sie uns schaden.

Stell dir etwas vor, was dir Angst macht. Nichts wirklich
Furchtbares, sondern irgendeine Feld-Wald-und-Wiesen-
Phobie: Aufzug, Rolltreppe, Bienen, Flugzeug, etwas in der
Art. Nehmen wir für diese Übung an, es sei die Achterbahn.
Deine Freundin hat dich zu einer Fahrt überredet, und du
schnallst dich an. Die Hände werden bereits feucht. Auch
sonst wird dir heiß und ein wenig schwindelig. Der Wagen
rollt an, aufwärts, aufwärts, aufwärts. Was knarrt da so? Wird
in diesem Fahrgeschäft auch alles anständig gewartet? Aufwärts, aufwärts. Sehr besorgt blickst du auf die Leute tief
unten herab. Was, wenn sich dieses Glied vom Rest des Zugs
löst? Was wird über diese Kirmestragödie in der Zeitung stehen? Was werden sie dir in den Nachruf schreiben? *Oh, ich
wollte doch längst schon meine alten Tagebücher verbrennen!
Wenn mein Mann sie jetzt in die Hände bekommt ...* Aufwärts, aufwärts. Und dieser Springinsfeld neben dir, deine
Freundin, die dich zu dieser Fahrt überredet hat, streckt ihr
Gesicht selig der Sonne entgegen und hat sogar vor lauter
Vorfreude die Augen geschlossen. Um ihre Mundwinkel
spielt ein Lächeln. Jetzt seid ihr oben, wie in der Schwebe,
dann kippt die ganze Sache und rauscht ins Bodenlose,
schneller und schneller. Dein Körper verfällt in Angststarre,
das Herz rast, und bis zum Ende der Fahrt kommst du aus
dem Kreischen nicht mehr heraus. Deine Freundin neben
dir lacht in unbändiger Begeisterung. Immerhin, du lebst.
Du bist heil. Nichts Schlimmes ist passiert. Nur hast du
nicht viel von diesem Abenteuer gehabt, die Dichte hat dich
von allem abgeschirmt.

Mach die Fahrt noch einmal, wie wär's? Doch, ich meine das ernst. Lockt es dich nicht auch, trotz deines Entsetzens beim ersten Mal? Es dämmert dir, dass da eigentlich nichts ist, was du halten und fürchten müsstest. Zu fürchten ist eigentlich nur der Scheuklappenblick. Schnall dich also wieder an, aber diesmal mit Vorfreude. Aufwärts, aufwärts, aufwärts. Die Welt versinkt unter dir, du schwebst dem Himmel entgegen. Du atmest tief und vertraust dich dem Geist in dir und in den anderen ringsum an. Und los! Im Sturzflug geht es abwärts, du spürst den Wind in den Haaren, und deine Stimme mischt sich in den Chor der anderen. Diesmal bist du dabei, diesmal machst du mit, ganz und gar lebendig.

Mittag

Wenn du ein Kontrollfreak bist – und sind wir das nicht alle ein bisschen? –, fällt es dir sehr schwer loszulassen. Du möchtest alle Einzelheiten deines Lebens selbst in der Hand haben. Wenn du nicht alles genau im Blick behältst, geht es schief, denkst du. Aber wer das Leben so im Klammergriff hält, lebt in der Illusion, die Welt wäre beherrschbar.

Könnte es sein, dass du das Leben schwieriger und komplizierter machst, als es sein müsste?

Was lässt dich auf der Achterbahn klammern, als ginge es um dein Leben? Angst. Wenn du Perfektionist und Kontrollfreak bist, was gibt dir dann ein, alles und jeden ringsum im Griff haben zu wollen? Genau, Angst. Das erinnert mich an zwei Frauen, mit denen ich befreundet bin und die in derselben Gegend wohnen wie ich. Sie sind beide Anfang vierzig, klug, gebildet, attraktiv und erfolgreich. Sie leben auch unter annähernd gleichen Verhältnissen, aber in ihrer Lebenseinstellung könnten sie unterschiedlicher kaum sein. Wenn die eine mich auf einen Plausch anruft, ist sie meist gut drauf, munter und dankbar für alles, was ihr das Leben beschert. Sie hat immer viel von den Leistungen ihrer Kinder, vom neuesten Projekt ihres Mannes und ihren eigenen Erfolgen bei der Arbeit zu berichten. Ruft jedoch meine andere Freundin an, kommt erst einmal eine Litanei von Beschwerden. Sie ist immer irgendwie zum Fahrdienst für ihre Kinder eingespannt, ihr Mann ist ein Chaot, im Beruf läuft es einfach nicht. Sie fühlt sich alt, müde und ausgenutzt. Wie gesagt, die Lebensumstände der beiden Frauen sind ungefähr gleich, aber die eine sieht die Welt durch die Brille der Liebe an und die andere durch die Brille der Angst.

Wir lieben oder fürchten.

Wir blicken auf das, was wir haben, oder auf das, was noch fehlt.

Wir nehmen alles, wie es kommt, oder lassen uns auf nichts mehr ein.

Seit unserer Geburt befinden wir uns auf der Achterbahn, schließlich läuft das Leben ja so: immer auf und ab, scharfe Kurven, Höhepunkte und tiefe Täler, langsame Anstiege und plötzliche Talfahrten.

Vergnüglich findet das nur, wer loslassen kann. Das Staunen lehrt es uns.

Wie lange ein Kind eine Blume bestaunen kann! Und wie es quietscht vor Wonne, wenn es auf dem Boden eine Saftpfütze gemacht hat. Diese staunende Begeisterung verliert sich, wenn wir älter werden. Dann sind wir nicht mehr in der Lage, das Leben wie einen total fesselnden Film zu verfolgen.

Dann kommt die Zeit, wo wir es zunehmend als Achterbahnfahrt betrachten. Wir machen immer mehr Gefahren aus, nehmen allzu deutlich jedes Durchsacken wahr, das uns den Magen hebt. Und wir rechnen mit immer mehr davon, statt uns an dem zu erfreuen, was wir an Gutem direkt vor unserer Nase haben.

Mach dich, und sei es nur heute, einmal ernsthaft auf die Suche nach diesem kindlichen Staunen. Es ist noch in dir, aber du musst schon nach ihm suchen. Fang einfach bei dem an, was jetzt gerade um dich ist. Ein Glas Orangensaft, eine auf dem Tisch krabbelnde Ameise, ein Flecken Sonnenlicht auf dem Boden, der elegante Schwung einer Efeuranke vor dem Fenster. Nimm alles, was zu sehen ist, wirklich wahr. Sei neugierig, als würdest du es zum ersten Mal sehen. Nimm das Staunen heute überallhin mit. Der Hausmeister beim Rasenmähen. Was ist eigentlich der Sinn des Lebens? Der lange Straßentunnel, durch den du auf dem Weg zur Arbeit fährst. Wie mag es gewesen sein, ihn zu bauen? Stell es dir vor! Ist das nicht wirklich erstaunlich?

Anstatt dich also in der Krimskramswelt in deinem Kopf zu verlaufen, bleib heute mal hier draußen auf der Achterbahn des Lebens und sieh zu, dass die Fahrt dir Spaß macht.

ABEND

In deinem Haushalt, nehme ich mal an, gibt es alle möglichen elektronischen Geräte, die surren, dudeln oder klingeln und ständig über irgendetwas informieren: was noch zu tun ist, wo man noch hin muss und so weiter. Schon der E-Mail-Check kann zur Achterbahnfahrt werden. Wir leben in einem chronischen Alarmzustand.

Irgendetwas ist da verloren gegangen, aber was nur?

Wir. Wir sind uns selbst abhandengekommen. Wir wissen nicht mehr, wie das geht: einfach nur *sein*. Und wir haben auch alles weitgehend vergessen, was mit diesem so simplen Zustand einhergeht – Neugier, Staunen, nichts im Sinn haben; das schlichte Vergnügen, nur aus dem Fenster zu sehen, der Fantasie ihren Lauf zu lassen und allem nachzugehen, was ihr so einfällt.

Wir haben die Verbundenheit mit uns selbst geopfert. Sicher, wir sind »vernetzt« wie nie zuvor, doch das bringt uns nicht viel, nicht mehr als eben die Achterbahn.

Dabei gibt es gegen die lärmende Hektik ganz einfache Mittel, die keinen Aufwand erfordern. Aufwand würde hier sogar schaden. Es ist nichts weiter erforderlich, als ganz und gar loszulassen. Die Illusion der Kontrolle hat ausgedient. Wir wissen, dass wir die Dinge nicht wirklich in der Hand haben, dieses Projekt haben wir abgehakt. Jetzt bleibt nur noch eins, nämlich die Dinge einfach geschehen zu lassen. Dazu muss nichts getan werden, es ist ein Nicht-Tun.

Wir sind einfach da und aufgeschlossen für alles, was so kommen mag.

In diesem Belassen öffnen sich Räume aller Art. Im Bewusstsein. Im Herzen. In allen fünf Sinnen. Da du nicht mehr kämpfst oder ringst oder Widerstand leistest, ist plötzlich überall mehr Raum.

Was tust du normalerweise, wenn du am Abend in diesem Buch gelesen hast und dann schlafen möchtest? Nimmst du schnell noch einen Schluck Wasser und löschst dann das Licht? Sagst du dir, dass du jetzt unbedingt schlafen musst?

Lass das Licht heute noch an. Leg das Buch weg. Sei einfach da. Sieh dich im Zimmer um. Nimm es als Meditation. Was siehst du? Was hörst du im übrigen Haus? Knarren Dielen? Raschelt das Laub vor dem Fenster? Trommelt der Regen gegen die Scheibe? Rauscht die Dusche? Und was riechst du? Einen Hauch von Waschmittel an der Bettwäsche? Eine Ahnung von Knoblauch in der Luft von den überbackenen Auberginen, die es heute Abend gab? Schmeckst du noch den Nachgeschmack von Zahnpasta? Spürst du die weiche Baumwolle des Schlafanzugs auf der Haut?

Kannst du das alles einfach geschehen lassen, ohne es zu kommentieren, zu beurteilen, zu bewerten?

Betrachte einfach, was gerade vorgeht, und im bloßen Betrachten und Geschehenlassen verbindest du dich tief mit deinem Menschsein.

So, jetzt kannst du das Licht ausmachen. Lass dich davontreiben in einen Raum ohne Sprache. Hier gibt es nichts, was erreicht oder erkämpft oder ferngehalten werden müsste. Schlaf fest. Schlaf gut. Schlaf ist die hohe Schule des Loslassens.

17. TAG
DIE GEDANKEN BEOBACHTEN

MORGEN

Wenn unsere Gedanken die Wirklichkeit tatsächlich erschaffen würden, hätten wir allen Grund, uns ernsthaft Sorgen zu machen. Stell dir nur einmal vor, die folgenden Gedanken würden Realität werden: »Ich hasse mich, am liebsten wär ich tot.« »Wie ich diese Frau hasse, wenn sie doch bloß tot wäre!« »Was bin ich doch für ein Mistkerl! Es geschieht mir ganz recht, dass alles schiefgeht.« »Bestimmt hab ich Krebs.« »Das Geld reicht einfach nicht für die Miete.«

Was auch immer auf deiner Tonbandschleife ist, jedenfalls läuft sie immer weiter und weiter, stimmt's? Die Gedanken anhalten – da könnte man genauso gut versuchen, einen Wasserfall zu stoppen. Aber die Gedanken selbst sind eigentlich auch nicht das Problem. Sie schweben nur so herum. Wir dagegen sind wie Lasso schwingende Cowboys, die da draußen in der Wildnis Gedanken einfangen, gerade so, als müssten sie in irgendeiner Weise gebändigt werden. Tatsächlich besitzen sie überhaupt keine eigene Kraft oder gar Macht, solange wir keine Emotionen hinter sie setzen. Für sich allein vermögen sie gar nichts. Erst wenn wir einen Gedanken immer wieder mit bestimmten Gefühlen aufladen, beherrscht er schließlich unser Leben.

Macht bekommen unsere Gedanken also erst durch das, was ich Schwingungsdichte nenne, durch verdichtete und verhärtete Gefühlsregungen, die als unverdauliche Klumpen unser Innenleben blockieren. Ohne diese Verdichtungen wären unsere Gedanken einfach hübsche kleine Wattewölkchen, die vorbeiziehen.

In vielen Köpfen spukt die merkwürdige Idee herum, wir müssten an unseren Gedanken etwas ändern, den Inhalt unseres Denkapparats einfach entschlossen umgestalten. Das ist aber gar nicht möglich. Versuch es jetzt gleich einmal. Nehmen wir an, irgendein Problem im Zusammenhang mit der Arbeit mache dir gerade zu schaffen; oder nehmen wir an, du hättest dich heute früh mit deinem Mann gestritten. Denk jetzt mal nicht daran.

Geht das?

Das dachte ich mir.

So wird es nichts. So kann es nicht besser werden, im Gegenteil, jetzt machst du dich zu allem Überfluss auch noch selbst fertig, weil du es einfach nicht schaffst, deine Gedanken in den Griff zu kriegen. Du versuchst, deine eigene Gedankenpolizei zu sein. Und so soll es dir besser gehen?

Lass es uns anders machen. Lass uns versuchen, die Gedanken von den Gefühlen zu trennen, von denen sie an Ort und Stelle gehalten und mit Bedeutung aufgeladen werden. Da winkt die wahre Freiheit.

Sieh es einmal versuchsweise so, dass deine Gedanken dich auffordern, die Büchse der Pandora zu öffnen. Am besten setzt du bei einem Gedanken an, der ständig in dir kreist. Ich habe zum Beispiel bei meiner Arbeit viel mit einem Mann zu tun, der in seinen Gedanken immer wieder der Neigung nachgibt, sich mit anderen zu vergleichen. Steht er besser da? Schlechter? Kommt X schneller auf der Karriereleiter voran? Hat X eine hübschere Freundin? Mehr Geld? Buchstäblich jeder Gedanke, den er denkt, mündet sofort wieder in solche Vergleiche ein.

Er ist sich dessen bewusst, und es macht ihn wahnsinnig, aber er kann dieses Tonband einfach nicht ausschalten. Es liegt daran, dass er sich noch nicht mit den Hintergründen beschäftigt hat, er hat seine persönliche Pandora-Büchse noch nicht aufgemacht. Was verbirgt sich hinter diesem immer gleichen inneren Erzählfaden? Da ist eine Stimme im Untergrund. Was genau sagt sie? Sein zwanghaftes Vergleichen ist eine Auswirkung, aber worin liegt die eigentliche Ursache?

Als er schließlich einen mutigen Blick in seine Büchse warf, musste er feststellen, dass da in den trüben Tiefen hinter jedem seiner vergleichenden Gedanken ein Hexenkessel von Unsicherheit brodelte. Er fühlte sich ungenügend, und damit verband sich die Befürchtung, er werde ganz verschwinden, wenn er sich nicht ständig an anderen maß.

Und was verbarg sich noch hinter dieser Befürchtung? Du vermutest es wahrscheinlich selbst schon: Angst. Angst vor dem Unbekannten. Angst vor der eigenen Bedeutungslosigkeit, ja Nichtigkeit. Abgrundtiefe, fürchterliche Angst bildete den Hintergrund all dieser Geschichten mit ihren endlosen Wiederholungen.

Unsere Gedanken bilden Muster, und diese heften sich an uns, sodass wir sie einfach nicht mehr abbekommen. Des-

halb müssen wir die Energie ergründen, die das Ganze auf-
rechterhält. *Die Gedanken selbst sind nicht das Problem. Sie
sind Hinweise und fordern uns zu etwas auf.* Sie sind wie vor-
beifliegende Eulen, die eine Nachricht für uns im Schnabel
tragen. Wir möchten uns ihnen jedoch lieber nicht zuwenden. Stattdessen lenken wir uns ab und blicken immer genau
in die andere Richtung. Auf diese Weise können wir diese
wunderbaren geflügelten Botschafter natürlich gar nicht sehen, weshalb wir sie auch nicht begrüßen und ihnen behutsam und liebevoll ihre Botschaft aus dem Schnabel nehmen.

Gewöhne dir an, deinen eingeschliffenen Mustern auf
den Grund zu gehen, dann wirst du die dahinterliegenden
Gefühle und Energien immer deutlicher spüren. Nach und
nach wird dir schließlich aufgehen, weshalb du an solchen
Mustern überhaupt festhältst. Je früher du dich dazu ent-
schließt, desto eher gelangst du in einen Zustand tiefen inneren Friedens. Und genau darin liegt auch der Unterschied
zwischen die Bedeutung der Dinge zu erkennen oder sie lediglich zu beobachten.

MITTAG

Vielleicht ist dein Tag vollgestopft mit Erledigungen aller
Art, Besprechungen und vielen Punkten, die auf der Liste
abgehakt werden müssen. Denkbar zum Beispiel, dass du
dich um die Kinder kümmern musst oder um deine altern-
den Eltern – oder sogar beides. Oder du leitest eine Firma
und musst für viele Menschen ständig verfügbar sein. Vielleicht bist du auch Krankenschwester in der Notaufnahme

oder unterrichtest an einer Schule. Jedenfalls können wir wohl davon ausgehen, dass dein Tag randvoll ist, bevor du auch nur das Haus verlässt.

Wie sollst du da deine Gedanken beobachten oder auch nur mitbekommen, dass du gerade denkst? Es gibt so viel zu tun, immer nur tun, tun, tun. Du hetzt von einem Termin zum nächsten, Supervision, Verhandlungen, antworten, reagieren.

Wer soll da noch die Zeit haben, um seine eigenen Gedanken zu beobachten, und was soll daran so wichtig sein? Weshalb müssen wir unseren Gedanken überhaupt auf der Spur bleiben? Wenn sie uns nicht bewusst sind, haben sie dann überhaupt Gewicht?

Ja, haben sie. Ganz ordentlich sogar, einfach weil sich unsere täglichen Gedanken unmerklich zu einem Muster formieren. Wenn wir das erst einmal bemerken, wird dieses Muster für uns der Zugang zu den Gefühlen *unter* den Gedanken. Und zu der Dichte hinter den Gefühlen.

Wenn wir unsere Gedanken verfolgen, stoßen wir auf die dahinterliegenden Gefühle. Dann haben wir einen entscheidenden Code geknackt. Unsere Gedanken kommen uns vielleicht wahllos, willkürlich und unzusammenhängend vor – aber vielleicht sind sie so »willkürlich« wie die Ziffernfolge, mit der man einen Safe öffnen kann. Vierundfünfzig steht in keiner natürlichen Beziehung zur Zahl Sieben und die wiederum hat nichts mit der Zahl Vierundzwanzig zu tun. Trotzdem kann es sein, dass wir nur mit dieser Ziffernfolge den Safe aufbekommen, und nur dann sehen wir, was da bereinigt oder gelöst werden muss. Wenn das gelingt, steht uns alles offen, was wir uns je gewünscht haben.

Deine Gedanken sind deine Anhaltspunkte. Behalte sie gut im Blick. Das geht natürlich nicht ununterbrochen den ganzen Tag über, schließlich musst du dich ja auch auf viele andere Dinge konzentrieren. Genau deshalb sind Auszeiten so wichtig, Momente der Stille, in denen wir Yoga üben oder meditieren, still dasitzen oder Tagebuch schreiben – irgendetwas, das uns hilft, so viel Ruhe zu finden, dass wir beobachten können, was in uns vorgeht.

Für heute möchte ich dir etwas auftragen, was ganz einfach aussieht, nämlich im Verlauf des Tages drei zehnminütige Pausen einzuplanen. Setz dir gleich Termine dafür, damit du den Plan nicht im Eifer des Gefechts vergisst.

In diesen Pausen hast du nichts weiter zu tun, als dich nach innen zu wenden und still deine Gedanken zu beobachten. Deinem geschäftigen Verstand wird das nicht gefallen, er wird versuchen, sich an alle möglichen Gedanken zu hängen. Er wird dir eingeben, ans Abendessen zu denken. Er wird dir einflüstern, dass du Hunger hast oder dich langweilst.

Bleib trotzdem einfach sitzen. Nimm dein Denken an die Zügel. Atme einfach und beobachte, was da vor sich geht. Diese kurzen Pausen in deinem Tagesablauf, in denen du genau mitverfolgst, was in dir vorgeht, sind der Beginn deiner Rückkehr zu dem, was du wirklich bist. Sie befreien dich. So erkennst du deine unbewussten Muster und entdeckst ein ganz neues Selbstbewusstsein.

Abend

Hast du die Tür abgeschlossen? Hast du den Müll weggebracht? Oje. Ist die Kerze noch an? Und der Kamin? Kann
man die glimmenden Reste gefahrlos so lassen? Ist der Backofen aus? War der Hund Gassi? Ist die Katze drinnen? Es ist
elf, wo sind eigentlich die Kinder?

Wer seine Gedanken beobachtet, bevor er einschläft,
kann sicher einige dieser Überlegungen zum Besten geben.
Eine Sorgen-Arie. Nagende Zweifel und all das Was-wenn,
eine schier endlose Litanei. Tatsächlich sind diese Gedanken-
schleifen sogar nützlich, sie gehören zum Druckablassen am
Ende eines langen Tages. Sie sind harmlos, solange sie nicht
miteinander verklumpen und eine bleibende Dichte in uns
erzeugen. Eigentlich tun uns diese Gedanken nichts, die sich
da wie von selbst abspulen, sobald wir uns hingelegt haben.
Wir können sie einfach als einen Bestandteil der Übergangs-
phase zum Schlaf hin betrachten.

Das empfiehlt sich auch, denn sonst können sie leicht zu
etwas Bedrohlichem anschwellen. Die kleine bange Unsicherheit, ob du den Müll weggebracht hast oder nicht,
schaukelt sich schnell zu schrecklicher Angst vor diesem neu-
en Virus auf, von dem du eben in den Nachrichten erfahren
hast und dem du bereits zutraust, dass es dem Leben auf der
Erde ein Ende setzen wird. Die immer wieder auftauchende
Frage, ob die Katze im Haus ist (du *weißt*, dass sie im Haus
ist), gipfelt schließlich in absurden Visionen von Massen-
mord und nuklearer Verwüstung. Alltägliches bläht sich zu
Katastrophenfantasien auf, und plötzlich bist du hellwach.
Die Bilder sind so real, so glaubwürdig. Dir fallen im-

mer neue Schreckensszenarien ein, und das Herz klopft wie wild.

Dennoch ist diese Hintergrundmusik aus Gedanken über den alltäglichen Kleinkram nur eine Art Pufferzone zwischen Tag und Nacht. Sie muss uns nicht beunruhigen, und es ist wichtig zu wissen, dass diese Gedanken kommen und gehen und uns nicht wirklich etwas abfordern. Es sind lauter kleine Buhmänner, die wir uns selbst ausdenken.

Wir werden leicht mit ihnen fertig, wenn wir sie einfach zur Kenntnis nehmen und als wiederkehrende Muster verstehen. Dann können wir sagen: »Hallo, alter Freund, da bist du ja wieder.« Achte einmal darauf, dass es immer wieder die gleichen Gruppen von Gedanken sind. Was da in deinem Kopf abläuft, ist keineswegs ein neuer Film.

Lass das grelle Rufen zu einem Raunen abebben, mehr ist es tatsächlich nicht. Dieser Augenblick soll dir gehören, Ruhe und Frieden, Raum und Stille stehen dir zu. Du hast alles Nötige getan, und jetzt darfst du einfach *sein*. Die Tür ist abgeschlossen, der Backofen aus, die Kerze gelöscht, der Hund liegt in seinem Körbchen, die Katze schnurrt auf ihrem Kissen, und die Kinder schmökern unter der Bettdecke.

Alles ist gut.

Alles ist gut.

Alles ist gut.

18. Tag Harmonie

Morgen

Einmal bin ich einem Mönch begegnet, der einen bleibenden Eindruck in mir hinterließ. Ich bat ihn, mir den von Buddha gelehrten mittleren Weg der Harmonie und Ausgewogenheit zu erklären. Darüber hatte ich schon eine Menge gehört. Aber was genau hatte es mit diesem mittleren Weg auf sich? Mir kam er ziemlich schmal vor, so als könne man leicht von ihm abkommen. Also fragte ich den Mönch: »Wie hält man sich auf dem mittleren Weg?«

Er sagte: »Panache, mach ihn so breit, dass es gar nicht möglich ist, von ihm abzukommen.«

Ich dachte: »Du lieber Himmel, was soll das denn nun heißen?« Aber nachdem ich eine Weile darüber nachgedacht hatte, ging mir auf: Unser Geist umfasst alles, und je offener ich werde, je mehr ich gelten lassen kann, desto breiter wird mein Weg. Und irgendwann bin ich so weit, dass ich wie der Buddha alles gelten lassen kann – das ist dann wohl wahre Freiheit und Harmonie.

Harmonie ist unser Naturzustand, in den wir zurückkehren, wenn wir alle Disharmonien liebevoll nach und nach ausräumen. Wir nehmen alles und jeden einfach so, wie sie sind. Liebe in ihrer reinsten Form kann alles so nehmen, wie es ist, sie schließt alles ein. Wenn du jemanden so liebst, beschränkt sich deine Liebe nicht auf die guten Seiten des anderen. Du liebst dann auch das, was du vielleicht ein bisschen verrückt findest. Das Göttliche liebt so. Genau das habe ich bei meiner Begegnung mit dem Göttlichen gefühlt, diese Liebe, die nichts ausschließt. Das Göttliche nahm mich einfach so, wie ich bin, mit allem, was ich bin, auch dem Verrückten.

Wenn wir das Leben so nehmen können, wie es ist, machen wir den mittleren Weg so breit, so randlos, dass wir nicht mehr von ihm abkommen können.

Stell dir vor, du sitzt mit einer Freundin beim Abendessen. Du magst sie wirklich sehr, aber sie geht dir, um ganz ehrlich zu sein, auch ein bisschen auf die Nerven. Zum Beispiel findest du, dass sie sich gegenüber dem Kellner ein wenig herablassend benimmt. Sie erzählt dir etwas, was du nicht sonderlich interessant findest – vielleicht hat sie es auch schon mal erzählt. Dann summt sie auch noch immer wieder leise vor sich hin. Und du sitzt da und beurteilst das alles. Äußerlich wirkt es wie ein gemütliches Essen, aber unter dieser Oberfläche brodeln Dissonanzen in dir. Du urteilst, und das ist natürlich eine Haltung, die die Illusion der Trennung nur noch verstärkt. Wo geurteilt wird, kann keine Harmonie sein, du musst dich schon entscheiden.

Wenn ich merke, dass mir etwas gegen den Strich geht, nehme ich eine Haltung des reinen Erlebens ein. Ich entspanne mich und lasse alles widerstandslos zu. Ich erlaube es dieser Energie dann, in mir zu sein, und beobachte sie einfach, ohne zu urteilen. Urteile übertönen mühelos alles andere, was sonst noch der Fall sein mag. Mein mittlerer Weg aber lässt alles sein, wie es ist, wirklich alles: Ärger, Verwirrung, Kreativität oder was auch immer. Mein mittlerer Weg ist so breit, dass kein Gefühl alles an sich reißen kann.

Lassen wir also unsere Regungen allesamt zu, bejahen wir sie, damit sie uns nicht behindern oder uns so sehr besetzen, dass wir mit unserem Leben nicht mehr zurechtkommen. Es ist genug Raum für alles da. Wir brauchen nichts weiter zu tun, als es wahrzunehmen.

MITTAG

Harmonie. Schon das Wort klingt schön, nicht wahr? Harmonie herrscht, wenn du das Leben bereitwillig an dich heranlässt. Wenn deine Seele ihm begegnet.

Die Seele existiert in ununterbrochenem Frieden. In einem seelenvollen Leben herrscht zwangsläufig Harmonie. Erst wenn wir uns auf Identitäten beschränken – dieser Körper, dieser Beruf, dieser Kontostand, diese Beziehung –, erleben wir Disharmonie und Unfrieden.

Werde heute einmal ganz weit. Sei so offen, dass du alles nehmen kannst, wie es ist. Und stell dich darauf ein, deine inneren Gespräche mit zu verfolgen. Wollen sie dir Distanz und Getrenntheit einreden, oder führen sie dich zu einem Zustand der Ganzheit und Harmonie? Was du auch vorfindest, kreide es dir nicht an. Es genügt, wenn du es einfach bemerkst – ob du dich zum Beispiel von der Liebe entfernst oder auf sie zugehst. Wenn du ein Leben in Harmonie führst, liebst du. Und umgekehrt.

Geh über die Grenzen deines Körpers hinaus. Lass dich größer werden. Stell dich für diesen Tag einmal in einen größeren Zusammenhang. Erinnerst du dich an das goldene Licht von neulich? Umgib dich damit, es wird dich einhüllen und begleiten, es wird dir zeigen, wie viel mehr du bist, als du dachtest. Und dann lass dein eigenes inneres Licht mit diesem Ozean von Licht, der dich umgibt, zusammenfließen.

Da gibt es keinen Unterschied, keine Trennung, du bist das Licht.

Und dafür musst du nichts leisten. Du brauchst dich nicht anzustrengen, du musst dich nicht zwingen. Ganz im Gegenteil: einfach weich werden und nachgeben. Fühl deinen Atem, fühl dich in deinem Körper. Was ist ringsum zu hören, was für Gerüche nimmst du wahr? Sieh dich um, sieh wirklich hin. Es geht darum, diesen Augenblick ganz zu erleben. Weich zu werden. Und den ganzen Tag über heute einmal nichts persönlich zu nehmen. Was geschieht, geschieht. Das will Moment für Moment geübt sein. So fängst du an, den Raum um dich zu spüren, unendlich weit, aber auch bergend. In diesem erhabenen Zustand bist du vor der Schwingungsdichte sicher, sie ist hier einfach nicht möglich. Deine Seele wirkt durch dich.

Es kann sich leicht euphorisch anfühlen, aber diesen Zustand erreichst du auf ganz natürliche Weise, nicht etwa durch Drogen oder Alkohol. Damit versuchen manche, künstlich und passiv etwas herbeizuführen. Hier aber begegnest du dem Leben bewusst offen, verletzlich und empfänglich. Mit Liebe.

Sag dir: »Ich bin im Einklang mit allem, was ist.«

Keine Urteile, keine Sorgen, keine Voraussagen, keine Pläne. Einfach nur dies.

Lass dich heute auf Liebe ein.

ABEND

Liebst du dich mit allem, was du bist? Oder liebst du nur das an dir, was du annehmbar findest? Gibt es etwas in dir, was du immer noch unter Verschluss hältst? Was fürchtest du? Denkst du, dass auch deine liebsten Mitmenschen den Kopf schütteln würden, wenn sie bestimmte Dinge über dich wüssten?

Gut möglich, dass du nicht vollkommen bist. Gut möglich, dass deine Geschichte nicht gar so nett oder glanzvoll oder nachvollziehbar ist.

Wir alle haben unsere Verrücktheiten, jeder.

Könnten wir uns umstülpen und einander die Nähte zeigen, würde sich herausstellen, dass wir innerlich erstaunlich ähnlich »gestrickt« sind, auch wenn wir uns in Einzelheiten unterscheiden. Trotzdem haben wir etwas zu verbergen, sogar vor uns selbst. Scham, Angst, Traurigkeit oder Schuldgefühle. Aber alles, was wir ängstlich verbergen, verhindert, dass wir die Harmonie in uns entdecken.

Du erkennst sie, sobald du sie fühlst. Sie ist mit nichts zu vergleichen. Sie gibt dir Frieden, sie macht dir Mut, alles zu bejahen, alles gut sein zu lassen.

Wenn wir uns ganz annehmen, kommt ein Gefühl von Gelassenheit und Leichtigkeit über uns. Keine inneren Kämpfe mehr, keine Streitgespräche hinsichtlich dessen, was akzeptabel ist und was nicht. Du siehst keinen Grund mehr, dich durchzusetzen oder klein beizugeben. Ohne die endlosen Konflikte, die wir uns selbst bescheren – die Vergleiche und das ewige Grübeln, ob wir gut genug und erfolgreich genug und so weiter sind –, haben wir plötzlich Raum in uns, und in diesem frei gewordenen Raum kann sich all das ausbreiten, was unser wahres Wesen ausmacht. Wir lassen uns ein, wir entwickeln uns, wir werden neugieriger, einfühlsamer. Wir werden bessere Lehrer und bessere Schüler. Wir fühlen uns der Welt verbunden, einer Welt, die wir kaum mitbekommen, solange wir in unser Ich-Drama verwickelt sind.

Deshalb möchte ich die Frage wiederholen: Liebst du dich? Alles, was du bist?

Lass dein Schwert sinken. Hör auf, gegen dich anzukämpfen. In diesem Kampf ist nichts zu gewinnen. Du kannst dem Universum nichts Besseres bieten, als dich zu ergeben. Und auch dem Göttlichen kannst du auf keine bessere Art danken als genau damit.

Gib also nach, ergib dich.

Sprich all die angeblich so beschämenden Dinge innerlich aus. Jetzt. Du kennst sie. Und anstatt sie wie bisher von dir zu weisen, nimm sie an. Sie gehören zu dir wie alles andere. Du wärst ohne sie nicht du. Ohne sie wärst du nicht liebenswert. Sie sind so sehr du wie deine Sehnen, Muskeln und Knochen.

Gib dich der Harmonie hin. Wenn du jetzt einschläfst, sag dir, dass dein Schwert dir nicht mehr dient. Nichts muss besiegt oder erschlagen werden. Stell dich darauf ein, die Welt beim Aufwachen ganz neu zu erleben.

19. TAG
GEGENWÄRTIGKEIT

MORGEN

Vollkommenheit kann man, so denken wir – wenn überhaupt –, vielleicht irgendwann in der Zukunft mal erfahren.
Oder es gab sie einmal. Wir verzehren uns nach Künftigem
oder Vergangenem und sehen nicht, dass das nur in diesem
Augenblick zu haben ist. Eigentlich ist es sehr einfach, aber
wir Menschen tun uns offenbar schwer damit. Eigentlich
müssten wir einfach nur bei unserem Atem bleiben, dann
wären wir immer im Hier und Jetzt. Die Wahrheit des Lebens ist immer präsent, aber nur in *diesem* Augenblick er-
fahrbar.

Das klingt erst mal ganz einfach, erweist sich aber gern als
ziemlich schwierig.

Zu dieser universellen Wahrheit kommt mir manchmal
das Bild der Götter auf dem Olymp. Ich stelle mir eine Art
Ratsversammlung vor: Aries, Aphrodite, Zeus, die ganze
Bande, sie diskutierten, wo man die Vollkommenheit des
Menschen verstecken könne. Es müsse eine Stelle sein, über-
legten sie, wo sie aufzufinden sein müsse, nur eben nicht

ohne ernsthafte Suche. Sie beratschlagten eine Weile, bis einer den entscheidenden Einfall hatte.

»Jetzt hab ich's! Wir packen sie direkt vor ihre Nase. Darauf kommen sie bestimmt nicht ohne Weiteres.«

»Genau! Sie werden zu heiligen Stätten pilgern.«

»Sie werden Bücher lesen.«

»Sie werden andere Leute fragen.«

»Nur im schlichten Atem, direkt vor ihrer Nase, da werden sie nicht suchen.«

»Großartig, das ist die Lösung!«

Diese Sache mit dem Atem ist dabei gar nicht kompliziert oder abwegig. Wir müssen nicht abwechselnd durch die beiden Nasenlöcher atmen oder den Atem anhalten oder bestimmte Rhythmen beachten oder scharf ausatmen. Wir brauchen nicht in der Lotoshaltung mit geschlossenen Augen dazusitzen. Kerzen, Räucherwerk, vollkommene Stille, das ist alles nicht nötig. Der Atem selbst holt uns in die Gegenwart. Das Sanskritwort dafür, *prana*, ist eigentlich ein Verb mit der Bedeutung »mit Luft (Leben, Wind) füllen«. Die danach benannte Yogapraxis heißt *Pranayama*, und gemeint ist einfach das Betrachten oder Verfolgen des Atems. Das hebräische Wort für Geist, *ruach,* bedeutet ebenfalls »Wind«. Der Atem, lateinisch *spiritus,* ist »Geist«. Atem ist Energie. Und er ist direkt vor und in unserer Nase. Die Betrachtung des Atems holt uns ganz in die Gegenwart – und da entdecken wir unsere eigene Vollkommenheit.

So können wir unser Leben zu einer lebendigen Meditation machen. Meditation lässt sich nicht auf bestimmte Techniken reduzieren, zum Beispiel darauf, fünf oder zwanzig Minuten oder zwei Stunden pro Tag zu sitzen. Atem und

Geist sind vielmehr unsere ständigen Begleiter. Wenn wir uns ihrer immer bewusst leben würden, könnte sich Dichte dann überhaupt bilden?

Es wäre unmöglich. Schwingungsdichte und durchgängiges Atembewusstsein können nicht nebeneinander im gleichen Körper existieren.

Richte dich also auf deinen Atem aus, wenn du am Morgen aufwachst. Bleib beim Atem, wenn du aufstehst, dir die Zähne putzt, das Gesicht wäschst, die Augenpartie mit Creme beklopfst. Verfolge deine Atemzüge, während du Kaffee kochst, den Hund fütterst, die Pausenbrote einpackst, die Kinder zum Bus bringst, dich anziehst, in der Bahn sitzt. Verfolge den Atem beim Umgang mit Kollegen, beim Mittagessen mit deinem schwierigen Chef, beim Beantworten von E-Mails. Bleib mit deinem Atem verbunden, und nimm wahr, wie die Welt ringsum größer und weiter wird und in dir selbst immer mehr Raum entsteht.

Mein eigenes Leben sieht heute so aus, dass ich Windeln wechsle, den Müll rausbringe, das Katzenklo sauber mache. Ich spüle Geschirr ab, füttere Kleinkinder, lauter grundlegende, ganz alltägliche Dinge. Keinen Moment wünsche ich mir anders; ich tauche nicht in Zukunftsfantasien ab. Ich lasse mich auch nicht von Wellen der Erinnerung, des Bedauerns oder der Wehmut in die Vergangenheit tragen. Kleine Kinder versorgen – bei meiner Frau und mir sind es zwei kleine Mädchen, Zwillinge –, das ist wirklich die beste »Praxis«, um ganz im Augenblick zu bleiben.

Ich kenne niemanden, der in der Vergangenheit atmen kann. Es gibt sicher auch niemanden, der gerade in der Zukunft atmen kann. Atmen können wir nur hier und jetzt.

Vollkommenheit ist das, was jetzt schon jeden Augenblick in dir ist. Sie ist nichts, was uns bevorstünde oder was wir erst noch erreichen müssten.

MITTAG

Im gegenwärtigen Augenblick bleiben – es kann ziemlich schwierig sein. Man denkt, es sei nichts dabei, doch tatsächlich gehört es zu den schwierigsten Dingen überhaupt. Dass Liebe die große unumstößliche Wahrheit ist, wissen wir, aber dieses Wissen schlägt sich nicht immer auch in unserem Handeln nieder. Wir tun uns oft schwer, im Zustand der Liebe zu bleiben.

Es gibt so unendlich viele Gründe, uns von ihr abbringen zu lassen: Ein Freund tötet uns den Nerv. Bei der Arbeit regiert der Frust. Eins unserer Kinder macht uns Sorgen. Unsere finanzielle Zukunft erst recht. Wir ziehen uns aus der Gegenwart zurück und überlassen uns der Vergangenheit, der Zukunft und all unserem »Was wäre, wenn …«. Aber sobald wir uns einmal aus der Gegenwart zurückgezogen haben, ist es schwierig, mit einiger Beständigkeit in sie zurückzukehren.

Da brauchen wir Hilfsmittel, und die heutige Übung ist meiner Erfahrung nach besonders gut geeignet, uns wieder in den Raum dieser omnipräsenten Wahrheit zu bringen.

Ich gehe davon aus, dass du gerade bequem sitzt, allein bist und nicht gestört werden kannst. Sorg dafür, dass diese Zeit nur für dich reserviert bleibt. Schalte dein Handy aus, und mach die Tür zu. In dieser Übung geht es nun darum, deine Energie über den Körper hinaus auszudehnen.

Schließe die Augen, und atme ein paar Mal tief ein und aus.

Die Hände bleiben geöffnet, der Körper entspannt sich.

In dir leuchtet ein reines rosafarbenes Licht.

Es ist das Licht der Liebe.

Es leuchtet in deinem Herzen. Versuche, es mit geschlossenen Augen dort aufzuspüren. Beobachte, wie es sich ausdehnt und langsam deinen Körper ausfüllt, abwärts bis in die Zehen, aufwärts bis zum Scheitel. Du sonnst dich förmlich darin.

Wenn du innerlich ganz von Licht erfüllt bist, lässt du es über deinen Körper hinaus leuchten. Es breitet sich wie eine leuchtende Wolke um dich herum aus, bis das ganze Zimmer davon erfüllt ist.

Das Licht strömt weiter durch die Wände und breitet sich nun auch im ganzen Haus, bis in den kleinsten Winkel, aus. Es ist wirklich überall, vom Boden bis zur Decke, vom Keller bis unters Dach.

Und weiter dringt es, bis deine ganze Wohngegend darin erstrahlt, deine Stadt mit allem, was in ihr lebt. Und immer weiter dehnt es sich aus, bis es schließlich das ganze Land erfasst. Von deinem Platz in deinem Zimmer aus lässt du das Licht in alle Welt ausstrahlen.

Stell dir vor, wie jetzt die ganze Erde vom Licht des Göttlichen umgeben ist. Und sogar noch weiter breitet es sich nun aus – über das Sonnensystem, die Galaxie, das ganze Universum. Die Wahrheit der Liebe reicht bis in die Unendlichkeit …

Im weiteren Verlauf des Tages wird dieses Gefühl dir wieder verloren gehen. Das ist der natürliche Lauf der Dinge.

Aber dann brauchst du nur die Augen für einen Moment zu schließen, und du wirst dieses rosa Licht in dir wiederfinden.

Es wird dir mit etwas Übung ganz selbstverständlich werden. Und vergiss nicht: Das Licht ist immer da, auch wenn du es nicht bemerkst, auch wenn das Auf und Ab des Tages all deine Aufmerksamkeit zu binden scheint. Es ist immer da und wartet darauf, dass du dich ihm wieder zuwendest.

ABEND

Vor ein paar Tagen, sicher erinnerst du dich, hast du alles ringsum im Zimmer ganz bewusst wahrgenommen: die Vorhänge, die Uhr, die Laken, das Kopfkissen. Das Knacken und Knarren von Bodendielen, das Rascheln der Blätter vor dem Fenster und das Rauschen der Dusche im Bad. Erinnerst du dich auch an das Gefühl von Lebendigkeit und Verbundenheit, als nichts anderes mehr zu tun war, nur Sehen, Fühlen, Riechen, Schmecken und Berühren? Du warst ein schlagendes Herz, eins mit deiner Umgebung.

Es war ein Augenblick der Vollkommenheit.

Diese Vollkommenheit hat nichts mit den erhebenden Gefühlen zu tun, die wir empfinden, wenn wir einen Berg besteigen, übers Meer fliegen, in einem Fünf-Sterne-Restaurant essen oder unser Kind auf eine besonders hoch angesehene Universität schicken können. Sie ist kein Ziel, keine Errungenschaft, sie ist nichts, was es zu erreichen gilt. Sie ist einfach, und sie ist vollkommen.

Wer ganz im gegenwärtigen Augenblick ist, kann Zeit und Körper eine Weile hinter sich lassen. Hier sind wir ganz und im eigentlichen Sinne lebendig. Die Gegenwart, die immer um uns ist, für die wir jedoch sehr oft blind sind, erreicht uns hier. Jetzt sind wir endlich einmal nicht zu beschäftigt für sie, wir verschieben sie nicht auf später, wir müssen nicht erst noch ein paar Gipfel bezwingen.

Solange wir ständig hinter etwas her sind und unsere Tage in Hast vergehen, entgehen uns die Sekunden, Minuten und Stunden voller Wunder. Wir verpassen unser Leben. Wie schade das ist.

Lass dich also vom Göttlichen ermuntern, langsamer zu werden.

In dem Zimmer, in dem du gerade bist, steht oder hängt sicherlich irgendwo eine Uhr. Vielleicht tickt sie, vielleicht ist es eine lautlose Digitaluhr oder auch nur die Zeitanzeige am Bildschirm. Jedenfalls verstreichen die Minuten. Schau auf die Uhr. Verfolge den Ablauf einer ganzen Minute. Tu nichts anderes als nur still dazusitzen und diese Minute zu fühlen.

Sie dauert schier endlos, oder? Als dehnten sich Sekunden zu Stunden.

Wenn wir langsamer werden, passiert etwas Erstaunliches: Die Zeit wird ebenfalls langsamer.

Wo willst du denn hin? Was hast du vor? Wozu die ganze Eile? Was ist denn da so wichtig? Was hast du davon, wenn du dein momentanes Ziel schneller erreichst? Und was, glaubst du, wird passieren, wenn du einfach mal anhältst und eins mit deiner Umgebung wirst?

Achte heute Abend beim Einschlafen mal darauf, wie oft du innerlich in die Zukunft davonjagen möchtest. Das passiert natürlich, dein Geist ist so gepolt. Aber bevor du ihn bis

morgen oder ins nächste Jahr, wenn nicht ins nächste Jahr-
hundert vorauseilen lässt, halt ihn einfach an, um ihn in diesen Augenblick zurückzuholen. Mach das so oft, wie es nötig
ist. So trainierst du deinen Geist sanft in Richtung Vollkommenheit. Wie du eine Pflanze hochbindest, damit sie der
Sonne entgegenwachsen kann, so lenkst du auch deinen
Geist und bereitest ihn darauf vor, die Wahrheit dieses Augenblicks anzunehmen und sie schließlich selbst zu *sein*.

So schläfst du jetzt ein und schlägst vielleicht gleich schon
einen Purzelbaum in die Vollkommenheit hinein.

20. TAG
AUTHENTISCHE TRANSPARENZ

MORGEN

Sind wir ehrlich zu uns selbst? Gestehen wir uns ein, was tatsächlich in uns vorgeht, all unsere Wünsche und Bedürfnisse? Wie geht es uns wirklich? Wahrhaftigkeit schützt uns davor, aus falsch verstandener Rücksichtnahme, Unsicherheit oder mangelnder Selbstwahrnehmung zu handeln.

Mit authentischer Transparenz meine ich, dass man sich selbst nur dann treu bleiben kann, wenn man sich den anderen auch zeigt. Aber allzu oft ist es eher so, dass wir uns und anderen etwas vormachen. Das muss nicht bewusst geschehen, vielleicht merken wir es nicht einmal. Es sind zur Gewohnheit gewordene Muster. Wir gehen zu einer Party, obwohl wir eigentlich keine Lust dazu haben. Wir lassen uns auf ein Abendessen oder Date mit jemandem ein, in dessen Nähe wir uns nicht ganz wohlfühlen. Wir hätten eigentlich etwas zu sagen, lassen es dann aber doch lieber sein. Wir wollen um jeden Preis gemocht werden. Vielleicht haben wir uns auch einfach an unser Korsett gewöhnt. Aber solange wir uns nach immer gleichen Mustern verhalten, erzielen wir auch immer die gleichen Ergebnisse.

Authentische Transparenz hat nicht in erster Linie mit anderen zu tun. Wichtig ist, dass du dich selbst so siehst und nimmst, wie du bist. Denn nur so lernst du deine Angst und Traurigkeit kennen, deinen Ärger, deine Schuld- und Schamgefühle. Ansatzweise gelingt es dir ja vielleicht bereits, dich in all dem so zu lieben, wie das Göttliche dich liebt. Wäre das Leben aber nicht noch viel einfacher, wenn du dir gegenüber ganz aufrichtig sein könntest?

In meinen rebellischen Jugendjahren habe ich versucht, im Außen meine Identität zu finden, worin ich aber nicht gerade erfolgreich war. Ein besonders heftiger Schauplatz dieser Kämpfe war die Beziehung zu meinem Vater. Einmal rief ich ihn von New York aus in London an. Ich wollte ihm zum Vatertag alles Gute wünschen – und auf einmal fing ich an zu weinen. Das kam für mich selbst ganz überraschend. Aber es war wie ein Dammbruch. Ich sagte ihm, wie leid mir alles tue und dass es mir nie darum gegangen war, ihn mit meinem auf Krawall gebürsteten Verhalten zu kränken. Er hörte mir lange zu, dann sagte er: »Panache, ich habe immer nur die Rolle gespielt, um die du mich gebeten hast. Du musst dich nicht entschuldigen.«

Das war ein entscheidender Impuls für meine weitere Entwicklung. Urplötzlich war ich an einem Punkt angelangt, an dem ich den Mut fand, meine Gefühle einfach auszusprechen. Und diese Ehrlichkeit gab meinem Vater die Freiheit, mich später dann auch wieder in den Arm zu nehmen. In diesem Moment gab es keine Spur von Urteil, Enttäuschung oder Groll mehr. Er verstand, dass diese Phase des Widerstands bei mir wohl hatte sein müssen, aber faktisch nichts mit ihm zu tun hatte. Es war ein sehr reiner, sehr einfacher Augenblick, den wir miteinander teilten.

Danach dämmerte mir, dass alle Menschen, mit denen ich unmittelbar zu tun hatte, nur die Rollen spielten, die ich ihnen zugedacht hatte. Das ist bei uns allen so. Wenn du bereits verärgert bist, kannst du sicher sein, dass dir jemand über den Weg läuft, der dich erst recht in Rage bringt. Bist du traurig, wird etwas passieren, was den ganzen Kummer in dir an die Oberfläche bringt. Begegnungen dieser Art zeigen uns sehr deutlich, was in uns noch ungelöst ist.

Sobald wir alles Nötige energetisch in uns gelöst haben, wird sich herausstellen, dass die jeweiligen Menschen ihre bisherigen Rollen in unserem Leben nicht mehr spielen müssen. Dann vollziehen sich auch in unseren Beziehungen spürbare Veränderungen. Als ich den verbissenen Widerstand gegen meinen Vater aufgab, die ganze halbstarke Wut und den Wunsch, mich so entschieden wie möglich von ihm abzugrenzen, war er auf einmal nicht mehr der Mann, gegen den ich bisher aufbegehrt hatte, und wir konnten uns in Liebe begegnen. Heute kommt er jeden Vormittag um zehn zu mir nach Hause und kümmert sich um meine beiden Töchter. Er spielt mit ihnen und gibt ihnen das Schönste überhaupt: Zuwendung und Liebe.

Sei ehrlich zu dir selbst, gesteh dir zu, was du fühlst. Vieles wird sich dadurch ändern. Du bist dann authentisch und transparent, und das verwandelt deine Beziehung zu dir selbst ebenso wie die zu anderen – und ich kann dir versprechen, dass es Veränderungen zum Besseren sein werden.

MITTAG

Manchmal fühlst du dich vielleicht wie im falschen Film. Du wachst auf, und kaum sagst du etwas, wirst du auch schon missverstanden. Du verstehst dich nicht einmal selbst. Am liebsten würdest du wieder ins Bett kriechen und noch mal ganz von vorne anfangen. Nur dass es leider nicht geht. Der Tag hat bereits Fahrt aufgenommen.

Jetzt hast du die Wahl: Entweder kämpfst du dich wacker durch und nimmst in Kauf, den lieben langen Tag weiter missverstanden zu werden und selbst nicht so recht zu verstehen, was eigentlich los ist. Oder du lässt die Rollläden runter und versuchst möglichst wenig Schaden anzurichten. Oder aber du schlägst den einzig vernünftigen und Erfolg versprechenden Weg ein und machst dir klar, was sich hinter deinem derzeitigen inneren Chaos eigentlich abspielt. Damit wagst du den entscheidenden Schritt in Richtung Echtheit und Offenheit dir selbst gegenüber.

Gelingt dir dieser Schritt, dann wird es eine gewaltige Erleichterung für dich sein. Dann fühlst du dich nämlich wieder ganz und leicht. Mag es ringsum dann noch so chaotisch zugehen – du bleibst klar und fest wie ein Fels in der Brandung. Plötzlich wirst du ganz natürlich in Übereinstimmung mit deinen Gefühlen handeln, schlicht und ergreifend deshalb, *weil du sie kennst.* Sie können dich dann nicht mehr wie einen Hund an der Leine hinter sich herschleifen.

Ich erinnere mich an einen Tag, noch gar nicht so lange her, an dem ich mich schwertat, authentisch und transparent zu sein. Morgens erfuhr ich gleich mal, dass im Wagen meiner Mutter nach heftigen Regenfällen das Wasser stand. Aus irgendeinem Grund – den ich nicht kannte, weil ich nicht gut mit mir verbunden war – warf mich diese Nachricht völlig aus der Bahn. Das übertrug sich sofort auf alles Weitere, was so anstand. Ich fühlte mich völlig überfordert und wusste nicht, wie ich mit diesem eigentlich doch eher unbedeutenden Ärgernis umgehen sollte. In dieser Verfassung fuhr ich also mit meinem Auto in die Stadt, um etwas zu besorgen. Es hatte wie gesagt stark und anhaltend geregnet, der Boden war also richtig aufgeweicht. Mir war gar nicht bewusst, wie sehr mich der Vorfall aufgewühlt hatte, und geistesabwesend fuhr ich offroad um einen Lastwagen herum, der die Straße versperrte. Es kam, wie es kommen musste, ich blieb mit meinem Wagen in der völlig durchweichten Wiese stecken. Na toll! Festgefahren, durchdrehende Räder. Es war geradezu ein Abbild der Verfassung, in der ich mich innerlich befand.

Diese Geschichte soll veranschaulichen, wie unzweckmäßig wir uns verhalten, wenn wir den Kontakt zu unseren wahren Gefühlen verloren haben. Anstatt mich in aller Ruhe mit ihnen auseinanderzusetzen, lief ich vor ihnen weg.

Aber tun wir das nicht alle mehr oder weniger oft? Wir stürzen uns in blinden Aktionismus, statt der Sache auf den Grund zu gehen und mal zu schauen, was da eigentlich in uns los ist.

Bei mir war es so, dass mich der Vorfall völlig aus dem Gleichgewicht gebracht hatte, weil ich mich als den Beschützer meiner Mutter ansah. An dem Wassereinbruch in ihrem Wagen war irgendwie ich schuld, ich hatte versagt. Es warf mich augenblicklich in ein altes Reaktionsmuster zurück. Sobald mir das bewusst wurde, konnte ich wieder ich selbst sein. Dann war es auch kein großes Problem mehr, die Sache wieder in Ordnung zu bringen.

Jederzeit kann die Fähigkeit, uns und unsere Motive zu verstehen, verloren gehen oder sich wieder einstellen. Wir sind orientierungslos – und etwas später finden wir uns plötzlich wieder zurecht.

Vergewissere dich gleich jetzt einmal, wo du gerade bist. Tu es jetzt, während du liest. Überfliegst du dieses Kapitel? Bist du ungeduldig? Liest du das hier vielleicht beim Radfahren im Fitnessstudio?

Oder bist du dabei still und gesammelt? Nimmst du dir Zeit für das, was echten Nährwert hat und dich in Klarheit und Transparenz durch den Tag begleiten kann? Vergewissere dich kurz, ob die Räder nicht anfangen durchzudrehen, weil du in den Matsch geraten bist. Authentizität und Transparenz stellen die Dinge sehr klar heraus, sie werden unübersehbar. Wenn du also merkst, dass du an festem Boden verlierst, dann halt lieber an und lass erst mal Ruhe einkehren, damit du dich nach innen wenden kannst. Mit dieser geschärften Aufmerksamkeit signalisierst du dir selbst, dass du zu einer Kehrtwende bereit bist.

Achte heute einmal sehr genau darauf, ob du dich von deiner Echtheit entfernst oder dich ihr annäherst. Was dich heute auch erwarten mag – Besprechungen, Familie, die Fahrt zur Arbeit und nach Hause –, du kannst immer wieder Anschluss daran finden und dich mir ihr verbinden. Du erkennst es daran, wie es dir geht.

Abend

Stell dir ein Haus vor, das schon jahrelang verlassen dasteht. Die Möbel sind verhängt, die Vorhänge zugezogen. Auf der Eingangstreppe stapeln sich Post, Werbung, Zeitungen.

Und du hast den Schlüssel zu diesem Haus.

Du steigst über das ganze Papier und steckst den Schlüssel ins Schloss. Spinnenweben lösen sich von der Tür, als du sie gerade öffnest. Drinnen siehst du, dass alles verstaubt ist.

Zieh die Rollos hoch und die Vorhänge zurück, öffne die Fenster ganz weit.

Da jetzt Luft und Licht ins Haus kommen, siehst du die vielen Spinnennetze und die im Durchzug über den Boden rollenden Wollmäuse. Das Haus macht einen ziemlich heruntergekommenen Eindruck, manches ist auch reparaturbedürftig. Unter dem Sofa liegt abgesprungener Putz. Es riecht sehr muffig. Du hältst die Luft an, während du die Laken von den Sesseln und Sofas ziehst. Staubwolken wirbeln im hereinfallenden Sonnenlicht auf.

Du suchst dir einen Besen und eine Kehrschaufel und machst dich in aller Ruhe daran, das Haus von allem Schmutz zu befreien, der sich angesammelt hat. Nach und nach trägst du die Ablagerungen der Zeit ab.

Du bist dieses Haus.

Es gibt Stellen in dir, die du vernachlässigt hast und gar nicht mehr wahrnimmst. Schmutzecken. Abgegriffene Stellen an den Wänden. Unter Fusseln und Staub verschwundene Bereiche, die du nicht mehr sehen wolltest. Jetzt ist Großreinemachen angesagt. Du möchtest wieder ganz du selbst sein. Du möchtest die ursprüngliche Schönheit wiederherstellen, den Glanz, mit dem du geboren wurdest.

An dir ist nichts, was man besser gleich wieder vergisst oder gar nicht erst beachtet. Alles ist sehenswert. Erkenne dich selbst, jede noch so unbedeutend oder unansehnlich erscheinende Kleinigkeit. Sieh die Spinnweben und Staubflocken, die dunklen Gänge, die rostigen Scharniere. Sieh deine Traurigkeit, deine Schuldgefühle, deine heimlichen Wünsche, deine Scham, deine Großspurigkeit, deinen Ärger. Wie in diesem Haus staubst du behutsam alles ab, legst die Geländer und Sprossen frei, das Muster des Dielenbodens. Jetzt fangen die Kronleuchter das Licht wieder ein und funkeln. Und so wird auch alles an dir wieder schön und sehenswert. Dieser Reichtum, all die Möglichkeiten, die sich auftun, wenn du dich in allem annimmst und bejahst, sind kaum zu beschreiben. Unter dem Staub liegen Schätze, von denen du nicht einmal zu träumen gewagt hättest.

21. TAG DANKBARKEIT

MORGEN

Was, wenn du für alles dankbar wärst, einfach alles? Und ich meine, nicht nur für das, was gut und toll ist, sondern wirklich für alles. Stell dir einfach mal vor, wie unglaublich das wäre. Ich sage oft, dass Traurigkeit ein Wunder ist. Oft wissen die Leute nicht recht, was sie damit anfangen sollen. Sie fragen dann, was denn an Traurigkeit so wunderbar sein sollte. Nun, wenn du der Traurigkeit ganz auf den Grund gehst, findest du ... das Göttliche.

Entweder alles ist göttlich oder nichts. Und wenn alles göttlich ist, wenn alles Gott ist, welche andere Reaktion als Dankbarkeit für alles im Leben käme dann überhaupt infrage? Dankbarkeit glättet und macht weich. Und sie fühlt sich gut an. Echte Dankbarkeit tut sogar bei Zahnweh gut. Danke. Danke für diese Migräne. Danke für den Verkehrsstau. Kannst du dir das vorstellen?

Natürlich ist hier nicht von brav abgelieferter oder als Affirmation rezitierter Dankbarkeit die Rede, sondern von dankbarer Wertschätzung des Lebens. Solange wir fühlen, sind wir lebendig – ist das nicht ein Danke wert? Seien wir also dankbar für alles, was es auch sei.

Ist dir je der Gedanke gekommen, dass diese Erde vielleicht der einzige Ort im gesamten Universum ist, wo man Traurigkeit, Verunsicherung, Kummer, Wut und alle anderen Gefühlsregungen erleben kann? Sollten wir dann nicht munter drauflos fühlen, die ganze Skala rauf und runter?

Dankbarkeit für einfach alles, das ist weniger eine Art zu fühlen als vielmehr eine Entscheidung. Wir treffen die grundlegende Entscheidung, die Welt durch diese Brille zu betrachten. Das ist der Weg zu wahrer emotionaler Intelligenz. Wir erklären uns nicht nur bereit, alles, was wir fühlen können, ohne Urteil und üblen Beigeschmack zu fühlen, sondern rollen all dem sogar noch den roten Teppich aus. Ja, kommt nur, Kummer, Verzweiflung, Verlust und Langeweile. Kommt herein, macht es euch bequem. Ärger, Frust, Unzufriedenheit, kommt, da sind noch Plätze frei. Seid meine Ehrengäste. Ihr gehört zu mir, ich lerne so viel von euch. Seid mir willkommen.

Sieh das Leben als ein Festmahl, zu dem das Göttliche schier Unglaubliches auftischt. Die erstaunlichsten Würzzutaten und Aromen sind in den Speisen – süß und sauer, pikant, bitter und mild. Koste jeden Bissen aus. Alles gehört zu diesem Festmahl, auch »Ich bin müde«, »Ich bin sauer«, »Ich habe Schmerzen«. Alles ist genießbar. Genauso wie »Ich bin froh«, »Ich habe Appetit« und »Ich bin so voller Glück«. Würdest du alles auskosten und genießen, wie wäre dein Leben dann wohl am Ende des Banketts?

Wenn wir authentisch und offen sind, offen für uns selbst, haben wir der Dankbarkeit für alles den Weg bereitet. Man kann das üben, Wertschätzung für alles, was das Leben mit sich bringt. Lass deine Dankbarkeit heute durchgängig aktiviert sein, egal ob du nun beim Zahnarzt sitzt, hinter noch nicht ganz stubenreinen Welpen herputzt oder die Skiabfahrt hinunterwedelst. So zeigst du, was dir das Leben bedeutet.

Mittag

Das Göttliche braucht keinen Dank. Wir sind von Atem und Lebenskraft erfüllt, wir gehen inmitten der Schönheit dieser Erde und erleben Gefühle in unglaublicher Fülle. Wir sind in der Gnade. Und niemals ist auch nur ein Dankeschön von uns verlangt.

Das Göttliche braucht also keinen Dank von uns. Uns selbst aber öffnet dankbare Wertschätzung das Herz. Kannst du dir vorstellen, wie es wäre, wenn wir in ständiger Dankbarkeit für *alles* leben würden?

Was tut sich jetzt gerade in deiner unmittelbaren Umgebung?

Was siehst du vor dir?

Alles in deinem Blickfeld wird dir vom Leben geschenkt.

Manchmal kommen mir spontan Gedanken wie diese: »Ich lebe! Wow! Ich atme, ich bin lebendig. Mag sein, dass nicht alles so läuft, wie ich möchte, aber ich lebe! Ich habe eine Familie. Wir kommen nicht immer sehr gut miteinander aus, aber ich habe eine Familie! Ich habe eine Katze! Vielleicht zerkratzt sie mir die Möbel, aber sieh dir nur diese Katze an! Heute ist es drückend schwül und regnerisch, aber diese Tropfen, die da die Scheibe hinunterlaufen, sind sie nicht wunderschön? Und mein Garten, was für eine Pracht!«

Das Mysterium des Göttlichen, ich finde es einfach wunderbar. Das Ungreifbare und ich, wir umarmen einander. Für Erfreuliches dankbar zu sein ist nicht besonders schwer. Aber wenn ich für alles offen und bereit bin, tut sich eine überraschende Süße auf, eine geradezu kindliche, herzerfrischende Freude. Lass diese Dankbarkeit in dir heranwachsen, und du wirst erleben, dass dich alles bewegt und inspiriert. Und du wirst spüren, dass dich da noch *mehr* erwartet.

Versuch also heute einmal, ob du nicht alles, was dir begegnet, gelten lassen und für gut heißen kannst.

Halte inne.

Sieh hin.

Hör hin.

Wenn du bei einem Museumsbesuch an den Kunstwerken vorbeihetzt, um alles zu sehen, was die Einrichtung zu bieten hat, ist das sicher ein anderes Erlebnis, als wenn du hier und dort haltmachst, um etwas in Ruhe auf dich wirken zu lassen. Vielleicht weißt du nicht mit allem gleich etwas anzufangen. Aber wenn du verweilst und dich darauf einlässt, kann deine Offenheit eine Resonanz mit dem Kunstwerk entstehen lassen. Das braucht Zeit und Muße.

So kann es zu einem energetischen Austausch kommen. Wenn du aber nur vorbeihastest, bist du nicht empfänglich. Dein Herz ist dann verschlossen und damit signalisierst du, dass du das *Mehr* gar nicht aufnehmen möchtest.

Auch turbulente und mitunter anstrengende Beziehungen ändern sich, wenn wir uns allgemein wertschätzender verhalten. Würde sich nicht vieles radikal verändern, wenn wir unserem Partner, unserem Chef, unseren Kindern und Freunden einfach in dankbarer Wertschätzung begegnen könnten? Ohne diese Wertschätzung werden sie unsichtbar für uns, verlieren wir die Verbindung, die Beziehung zu ihnen.

Bejahende Wertschätzung hingegen führt uns zur Liebe.

Betrachte dein Leben heute einmal als ein kostbares Kunstwerk, bei dem man jeden Pinselstrich, jede Farbe, jede Nuance mit »Oh« und »Ah« verfolgen kann. Freu dich an allem, auch wenn du es nicht gleich verstehst. Freu dich am Unvollkommenen, am Unbequemen, am Befremdlichen ebenso wie an allem, was du als gelungen, herzerwärmend, lustig und freundlich empfinden kannst. Sieh alles als zum unglaublichen Geschenk dieses Lebens gehörig. Dann erkennst du auch das Wunder und den Segen in allem und wirst das Leben nicht mehr anders haben wollen.

ABEND

Was also, wenn wir absolut alles wertschätzen würden? Wir wählen schließlich selbst die Brille, durch die wir die Welt betrachten. Warum also nicht die Brille der Dankbarkeit wählen? Dann könnte »Danke« der Refrain jedes Augenblicks in unserem Leben sein, auch der schwierigen, auch der bekümmernden.

Wenn du auf den bisherigen Verlauf dieses Tages zurückschaust, was gab es da für Situationen und wie hast du darauf reagiert? Hast du dich geärgert? Warst du verbissen? Hast du etwas verurteilt? Gab es Feindseligkeit? Warst du verunsichert? Musstest du irgendetwas erreichen? Hat dich jemand im Straßenverkehr behindert? Sag danke. Dein Chef hat dich nicht zu einer wichtigen Besprechung gerufen? Danke. Deine beste Freundin hat deinen Geburtstag vergessen? Danke.

Gib dich dieser Sanftheit hin, die in unserem Alltag oft so schwer zu finden ist. Lass dich gar nicht erst auf die schroffen und abweisenden Gefühle ein, von denen niemand etwas hat, sondern begegne allen Momenten deines Tages, auch den schwierigen, mit Dankbarkeit. Gib allem Raum. Sag dir, dass jede Begegnung, jedes Stolpern, jede Sekunde des Tages etwas Nützliches enthält, wofür du dankbar sein kannst, auch wenn du es nicht gleich verstehst.

Dankbarkeit verwandelt alles, uns selbst und die Welt. Wenn wir etwas willkommen heißen, anstatt es zu verurteilen und abzulehnen, wird etwas ganz warm und weich in uns. Das nährt uns, es baut uns auf. Wer es einmal erlebt hat, möchte mehr davon.

Wenn du die Dinge des Tages noch einmal durchgehst – viel Arbeit, Schulzeugnisse, eine mangels Geld nicht ausgeführte Überweisung, ein toller Film, ein erfreulicher Überraschungsbesuch –, lass das Sanfte, Offene und Nährende walten, dir selbst und allen anderen gegenüber. Fühlt sich gut an, oder?

Zum Einschlafen zählst du heute einmal nicht Schafe, sondern Segnungen. Segne zuerst alle, die unter deinem Dach schlafen, auch die Haustiere. Bezieh auch die Leute in deiner Nachbarschaft mit ein, den Metzger, die Reinigungsangestellten, die Schullehrer. Alles, was dir sonst noch durch den Sinn geht, segne es. Lass deinen Segen ein Wellenkreis sein, der immer größer wird und alles erreicht, so weit, wie du denken kannst.

Du bist das Zentrum dieses Segenskreises.
Du bist der Segen, und der Segen ist du.
Du bist reine Dankbarkeit.

22. TAG NÖRGELN

MORGEN

Ich zähle das Nörgeln zu den passiv-aggressiven Verhaltens-
weisen. Wer nur mosert, ist noch nicht so richtig auf hundertachtzig. Letzteres ist leicht als solches zu erkennen, Nörgeln
und Mosern hingegen nicht immer. Die Energie oder Schwingung ist anders als bei Ärger oder Wut. Um unser Meckern
und Maulen in voller Blüte zu sehen, müssen wir erst einmal
auf unsere Tendenzen zu passiv-aggressivem Verhalten aufmerksam werden. Scham ist hier jedoch nicht angebracht.
Wir sind alle Menschen und neigen dazu, solchen Tendenzen
nachzugeben. Wenn wir uns unserer Neigung zu klagen jedoch bewusst werden, ist das schon der erste Schritt, sie zu
überwinden.

Nörgeln entspringt einem Opferbewusstsein. Opfer be-
klagen sich. Opfer verbreiten auch Klatsch, natürlich hinter
vorgehaltener Hand und so verstohlen, dass sie es manchmal
nicht einmal selbst mitbekommen.

Vielleicht meckerst du ganz gern mal bei der Arbeit. Dein
Chef hat etwas gemacht, was dir nicht passt – vielleicht passt
dir auch ganz einfach nicht, dass er der Chef ist. Jedenfalls
wird es dir irgendwie gelingen, hinter seinem Rücken über

ihn zu lästern. Du suchst dir passende Kollegen, und gemeinsam zerreißt ihr euch dann das Maul über ihn. Oder du verdrehst die Augen, wenn er vorbeigeht. Aber du ringst dich nicht dazu durch, ihm ganz direkt zu sagen, was in dir vorgeht. Nein, dieses Nörgeln geschieht immer hinten herum. Solange wir in dieser Opferhaltung verharren, handeln wir so oder so ähnlich, und praktisch jeder kann zu unserer Zielscheibe werden.

Aber sag mal, was hast du eigentlich davon?

Nicht das Geringste.

Es würde dir deutlich mehr bringen, den Leuten ganz direkt deine Meinung zu sagen, fertig. Das ist ehrlich, das untergräbt niemanden heimlich. Außerdem kann es damit dann auch mal gut sein. Es ist recht mühsam, kleinliche Nörgeleien aufrechtzuerhalten und immer wieder neue zu finden. Wenn du hingegen offen und ehrlich bist, kommst du nicht nur mit anderen, sondern auch mit dir selbst besser zurecht. Rummeckern und Nörgeln erwachsen aus nicht geäußertem altem Groll. Sie können schnell eskalieren und dann wirklich bösartig werden. Lass nicht zu, dass du vom Nörgler zum Hetzer mutierst. Kurz, lass diesem Rumgenörgele nicht seinen Lauf, es nimmt sonst schnell überhand, türmt sich immer mehr auf und wird schließlich zerstörerisch.

Wenn wir jemandem etwas übel nehmen und nachtragen – was für eine Energie ist das? Wie sieht sie aus, wie fühlt sie sich an? Diese Energie sucht sich Seitenwege, Schleichwege. Du musst sie sehr offen anpacken, sonst bleibt sie nebulös – und unsauber. Du knurrst etwas in dich hinein, wälzt giftige, negative Gedanken, die zu einem ununterbrochenen inneren Kommentar werden. Lauter Produkte des Opferbewusstseins.

Stehst du hingegen fest und aufrecht in dir, läuft jegliche Kommunikation vollkommen anders. Dann bist du nicht unterschwellig die ganze Zeit geladen, es gibt keine unklaren Energiebewegungen. Du äußerst dich geradeheraus und in einer dem Anlass angemessenen Weise.

Wie lässt sich das entwickeln? Am Beginn der heutigen Übung steht die Aufgabe, dir bewusst zu machen, dass du an vielen Dingen und Menschen etwas auszusetzen hast. Schreib alles auf, ja, wirklich alles. Wenn du ein ganz normaler Mensch wie wir alle bist, wirst du eine Menge aufzuschreiben haben. Schreib schnell, setz den Stift nicht ab. Meist realisieren wir gar nicht, wie viele Klagen und Beschwerden wir mit uns herumtragen. Die Lehrer unserer Kinder, der Schulleiter, die Reinigung, von der man die Sachen immer mit kaputten Knöpfen zurückbekommt, sogar Freunde, die unseren Geburtstag vergessen haben, und unser Partner, der (wie jeder andere Mensch) Angewohnheiten hat, die uns auf die Palme bringen. Verbiete dir jetzt einmal gar nichts. Bring alles genau so zu Papier, wie du es jetzt empfindest.

Nur zu!

Raus damit.

Als Nächstes versuchst du jetzt die Energie zu spüren, die jede dieser Beschwerden in sich trägt. Wenn du ganz still wirst und dich konzentrierst, wirst du bald eine erste Ahnung von der Energie bekommen, die dahintersteckt. Meist handelt es sich um Spielarten von Angst, Ärger oder Traurigkeit. Nehmen wir an, dein Mann fängt in seinen mittleren Jahren an, ein wenig in die Breite zu gehen. Wenn er wieder mal einen Becher Luxus-Eiscreme aus der Tiefkühltruhe holt, entfährt dir die Frage: »Was, schon wieder?« Er sieht dich erst erstaunt und dann gekränkt an. Deine Kritik hat einen Schleichweg genommen, spürst du das? Wahrscheinlich bewegen dich in dem Moment Traurigkeit und Angst, ohne dass du dir dessen bewusst wärst. Traurig bist du, weil dein Mann nicht gut für sich sorgt. Angst hast du um seine Gesundheit. Was, wenn du statt dieses Seitenhiebs klar sagen würdest: »Es macht mich traurig, dass du dich nicht um deine Gesundheit kümmerst«?

Es liegt doch sicher auf der Hand, dass sich eine solche Szene ganz anders abspielen würde, wenn du Klarheit über deine Nörgelei gewinnst, ehe sie sich festsetzt, um dich dann klar und bestimmt zu äußern. Das gilt für jedes Thema in deinem Leben.

MITTAG

Die Wahrheit möchte gehört werden, aber wir zögern, weil wir nicht wissen, wie andere sie aufnehmen und auslegen werden. Derweil brodeln aber all die Dinge in uns, an denen wir etwas auszusetzen haben. Oft fangen wir an zu nörgeln, wenn die Kommunikation stagniert. Eine Freundin kommt immer wieder zu spät zu unseren Verabredungen, und es bleibt uns nichts weiter, als in der Speisekarte zu blättern und auf die Uhr zu schauen. Mit zwanzig Minuten Verspätung schneit sie dann munter herein und erzählt etwas vom Verkehr, wie immer. Du beißt die Zähne zusammen, lächelst und sagst: »Kann schon mal passieren.«

Sicher kann es das. Aber immer wieder? Innerlich kochst du. Die Stimmung ist hinüber, du fühlst dich wie das dritte Rad am Wagen und reagierst im Gespräch mit Anflügen von Bitterkeit und Sarkasmus.

Dein Mann hilft dir nicht mit den Kindern, und du wünschst dir nichts sehnlicher. Er sieht sich ein Fußballspiel an, während du den Geschirrspüler einräumst, der von gestern Abend noch förmlich überquillt. Da waren *seine* Kollegen eingeladen! Anstatt ihm zu sagen, wie du das findest, packst du das Geschirr mit größtmöglichem Getöse in die Spülmaschine. Hört er das nicht? Merkt er denn gar nichts?

Weshalb sollte er? Du sagst ihm ja nichts.

Die Energie hinter solchen Beschwerden ist Ärger. Du kannst dir beim ersten Anzeichen von aufflackerndem Ärger klarmachen, dass da bereits eine lange Liste angestauter Ärgernisse vorliegt. Ärger kommt schließlich irgendwo her. Er baut sich auf. Er braucht Schwung.

Wenn wir Kritik anzubringen hätten, reagieren wir meist so:

Wir beschweren uns.

Wir verbreiten Klatsch und Tratsch.

Wir weisen anderen Rollen in unserem Drama zu.

Eine mit mir befreundete Bühnenautorin erhielt von einem Freund, ebenfalls Bühnenautor, die Anfrage, ob sie ihm zur neuesten Produktion ein Feedback geben könne. Meine Freundin besitzt eine hohe Meinung von diesem Autor und hat ihn deshalb im Laufe der Jahre immer wieder beraten und gefördert. Aber jetzt war es plötzlich so, als würde eine mit Beschwerden und Kränkungen gut gefüllte Schublade in ihr aufspringen. Ihr fiel ein, dass sie dem Kollegen vor Monaten den Entwurf eines Stückes in die Hand gedrückt und noch kein Wort darüber gehört hatte. Weiter war ihr aufgefallen, dass sie sich zum Essen immer in seiner Gegend trafen, nie in ihrer. Immer mehr ploppte da auf. Es waren lauter Kleinigkeiten, denen sie seinerzeit keine große Bedeutung beigemessen hatte – jetzt aber erinnerte sie sich, dass stets ein kleiner Stich damit verbunden gewesen war. Da musste sich erst eine ganze Halde bilden, bis ihr klar wurde, dass da ernsthaft etwas zu beanstanden war.

Sie wartete ab, bis sie sich ganz klar fühlte. Authentisch und transparent. Sie verstand, dass hinter ihren Vorwürfen eigentlich Unsicherheit und Traurigkeit standen. Bei all dem fühlte sie sich nicht wahrgenommen und nicht verstanden. Da sie darüber jetzt Bescheid wusste, konnte sie dem Freund eine liebevolle Mitteilung zukommen lassen. Ohne Ärger und Bitterkeit sprach sie ganz direkt aus, was sie empfand. Augenblicklich fühlte sie sich wie von einer großen Last befreit, leicht und frei. Ihre Enttäuschung verpuffte, weil sie genau das gesagt hatte, was zu sagen war. Die Frage, wie ihr Freund das aufnehmen würde, spielte keine Rolle. (Tatsächlich nahm er es so verständnisvoll auf, wie sie es nur erhoffen konnte, und die Freundschaft wurde noch tiefer.)

Missstände anzusprechen ist ein Akt der Selbstliebe. Lass heute einmal nichts in der Schwebe. Nicht dass du auf den Putz hauen sollst. Es geht nicht darum, durch deinen Tag zu stampfen und jedem gehörig die Meinung zu geigen. Nein, wenn du dich erleichtern möchtest, solltest du schon genau wissen, was du tust.

Nimm dir vor, jeden Stich sofort deutlich zu spüren. Mach dir bewusst, um was genau es da jeweils geht. Wenn die Umstände es zulassen, äußere dich. Oder atme erst einmal tief durch und überleg dir, ob der Zeitpunkt geeignet ist. Irgendwann wirst du dann so klar sein, dass sich Beschwerden gar nicht erst in dir anstauen. Dann wird sich die Dichte, die du hast entstehen lassen, wieder auflösen. An ihre Stelle treten Leichtigkeit, Freundlichkeit und das Erhebende der göttlichen Liebe.

ABEND

Du erkennst mich, wenn du mich fühlst. Ich steige aus deiner Tiefe als nicht sehr hohe, aber gewaltige Welle auf – die Art Welle, die sich in Küstennähe zu einem Tsunami aufbäumen kann. Du folgst gerade deinem Tagesablauf, kümmerst dich um alle möglichen Dinge, und alles scheint in bester Ordnung zu sein. Und auf einmal bin ich da.

Dein Mann hat seine schmutzigen Socken einfach im Bad auf dem Boden liegen lassen, anstatt sie in den Wäschekorb zu tun – schon wieder. An den meisten Tagen räumst du kochend, aber stumm hinter ihm her.

Heute komme ich dazwischen. Ich bin so plötzlich da, dass du gar nicht weißt, wie dir geschieht. Du schreist deinen Mann an, er sei doch wohl der rücksichtsloseste Faulpelz überhaupt. Dann feuerst du auch noch eine Illustrierte in seine Richtung. Dein Gesicht ist wutverzerrt. Dein Mann schaut dich groß an, er begreift es nicht. Was? Was ist denn los?

Na, *ich* bin los. Heute mische ich als Tsunami mit, als plötzlicher Schwall der vielen unausgesprochenen, beschwichtigten, heruntergeschluckten Kränkungen, die unter der Oberfläche brodeln. Ich habe keine Lust mehr, still zu bleiben, ich mache jetzt mal eine Szene.

Ich bin deine Ärgernisse, Klagen und Vorwürfe, allesamt.

Gib ruhig zu, dass du mich in mancherlei Form in dir trägst. Klagen gegen deinen Mann, deine Kinder, deine Kollegen, deinen Chef, die Frau im Café mit ihrer ewig versteinerten Miene, die Lehrerin, die dir vor Jahrzehnten eine schlechte Note gegeben hat. Ich kann warten, lauernd. Ich habe nichts weiter im Sinn, als alles noch schlimmer zu machen. Du bildest dir einiges darauf ein, dass du mich in Schach zu halten vermagst. All das Ungesagte brodelt zwar in dir, aber du bist ja so ein höflicher Mensch. Natürlich fürchtest du auch die Folgen, solltest du mir einmal freien Lauf lassen.

Wenn du dir wirklich einen Gefallen tun möchtest, sprichst du deine Wahrheit sofort aus, wenn sie gerade angebracht und akut ist, dann kann ich nämlich gar nicht erst zur Welle werden, zum Riesenbrecher.

Zum Beispiel: Beim ersten Mal, wenn dein Mann seine Socken liegen lässt, sagst du ihm klar und einfach und ohne Unterton, er möge sie doch bitte in den Wäschekorb werfen. Ganz ohne Ärger oder sogar ein bisschen humorvoll, warum denn nicht?

Dann würde sich nichts in dir anstauen. Der kleine Anlass würde keinen Boden finden, auf dem er wachsen und gedeihen kann. Die Socken würden im Wäschekorb landen, und alles wäre gut.

Wenn du heute Abend einschläfst, ruf dir diese milde Klarheit in Erinnerung, und gib dir die Erlaubnis, zu sagen, was zu sagen ist. Erlaube dir, deine Gefühle auszusprechen, sobald sie auftauchen. Fühlst du diese Energie in deiner Kehle? Fließt nicht der Atem leichter ein und wieder aus? Wenn du morgen aufwachst, erneuere und stärke den Entschluss noch einmal, deine Wahrheit schlicht und ohne Umschweife auszusprechen. Nicht ab und zu mal, sondern immer.

23. Tag
Dem Leben seinen Lauf lassen

Morgen

In der weit über zweitausend Jahre alten *Bhagavadgita*, einem zentralen Text des Hinduismus, wird von Arjuna erzählt, dem die Aufgabe zufällt, Heerführer in einer großen Entscheidungsschlacht zu sein. Es geht es darum, Recht und Gerechtigkeit wiederherzustellen. Er wird jedoch von schwerer Besorgnis geplagt, weil sich auch auf der Gegenseite Familienangehörige befinden, die er wird töten müssen. In seiner Not vertraut er sich seinem Wagenlenker Krishna an und sagt: »Ich kann diesen Kampf nicht führen.« Krishna, in Wahrheit der gleichnamige Gott, erwidert: »Arjuna, sie sind bereits tot. Der Tod ist eine Illusion. Niemand tötet, niemand wird getötet. Die Seele streift einen Körper ab und geht in einen anderen ein – so leicht, wie man das Gewand wechselt.«

Danach offenbart er sich Arjuna, der jetzt zu seiner Selbstsicherheit zurückfindet und in den Kampf zieht, um seiner Berufung zu folgen, seinem *Dharma*.

Die *Bhagavadgita* vermittelt in dieser beeindruckend dichten Szene, dass alles vorherbestimmt ist, das gesamte Leben. Wir machen uns Sorgen und zermartern uns das Hirn, wir sind voller Befürchtungen, sehen mit Schrecken den anstehenden Entscheidungen oder der Zukunft überhaupt entgegen, während doch eigentlich nichts weiter passiert, als dass wir alle unsere Rolle spielen.

Du kannst dieses Leben gar nicht vermasseln, alles liegt im Grunde bereits fertig vor, und in all dem Chaos gibt es ein übergeordnetes ordnendes Prinzip.

Wer je das Verkehrschaos in einer indischen Großstadt erlebt hat, der weiß, dass es so ist. Tausende Rikschas sind in alle Richtungen unterwegs, dazwischen Kühe und Ziegen, Händler mit ihren Karren, überall Kinder, nirgendwo ein Fußbreit freier Boden, ein unentwegtes Gewoge bei größtmöglicher Lärmentfaltung – und doch kommt jeder irgendwie dort an, wohin er möchte. Jeder ist schließlich da, wo er zu sein hat. Irgendwann.

Was, wenn du wirklich glauben könntest, dass alles vorherbestimmt ist und sich jetzt einfach abspielt – und so abspielt, dass alles tatsächlich zu deinem Nutzen ist? Dass du genau dahin gelangen wirst, wo du hinmusst? Kannst du akzeptieren, dass du eine Rolle spielst? Kannst du dich ihr anvertrauen, worin auch immer sie besteht? Behalte immer im Hinterkopf, dass das Leben *für* dich ist und dir im besten Sinne dient.

Lass uns für einen Moment für möglich halten, dass alles vorherbestimmt ist. Ich behaupte nicht, dass es tatsächlich so ist. Aber betrachte einmal die Möglichkeit. Wie würdest du dann leben? Würde die Angst dir weiterhin die Kehle zuschnüren? Oder würdest du einfach dein Herz aufmachen und mit all deiner Verletzlichkeit ganz ungeschützt leben? Wenn das Leben etwas von dir verlangt, was du nicht verstehst, würdest du nicht einfach vertrauen, anstatt dich dagegen zu wehren und dich in Ängste zu verstricken?

Wenn ich mir mein bisheriges Leben ansehe – in East London geboren, mit einer Frau aus Minnesota verheiratet, Wohnsitz in Florida, mit Oprah auf der Couch gesessen und jetzt von Menschen in höchsten Führungspositionen konsultiert –, kann ich nur sagen: höchst unwahrscheinlich. Aber offensichtlich möglich. Und möglich war es, weil ich mich nicht von Angst habe bestimmen lassen. Ich lebe, als läge mein Leben bereits fertig vor, und staune über alles, was mir begegnet. In einer auf Wissen fixierten Welt fühle ich mich ganz wohl im Unbekannten.

Es entspricht sicher nicht dem, was wir alle gelernt haben, aber glaub mir, das Unbekannte ist so viel besser. Es ist alles bereits angelegt, wie Krishna sagt. »Wozu sich dann noch abmühen?«, wirst du vielleicht fragen. »Wozu überhaupt noch einen Finger krumm machen?« Tatsächlich geschieht aber etwas anderes, wenn wir uns diesen Gedanken zu eigen gemacht haben. Erstaunlicherweise ist es gerade so, dass wir dann erst den Raum und den Mut finden, unser Leben voll anzugehen und auszuschöpfen.

MITTAG

Vielleicht wird dir heute etwas aufgetragen, womit du dich überhaupt nicht auskennst oder was dich erst einmal scheinbar überfordert. Es könnte bei der Arbeit sein. Auf deinem Schreibtisch landet ein Projekt, von dem du wirklich rein gar nichts verstehst. Das Datum auf der Zulassungsplakette an deinem Wagen ist längst überschritten, und du hast einfach keine Zeit für den TÜV. Oder zu Hause tut sich etwas, was du allein nicht hinkriegst. Irgendetwas ist mit einem deiner Kinder, und du weißt einfach nicht, was du machen sollst. Oder es betrifft dich selbst. Du möchtest zum Beispiel abnehmen, und es gelingt dir einfach nicht anzufangen.

Wie schaffen wir es, angesichts solcher Dinge nicht einzuknicken, wenn sie uns einfach zu viel werden und nicht zu schaffen sind und wir am liebsten das Handtuch werfen würden? Geben wir auf, bevor wir auch nur einen Versuch gemacht haben? Lassen wir uns von unserem inneren Dialog ins Bockshorn jagen?

Oder könnten wir uns nicht auch sagen, dass wir stark und fähig genug sind, um alles Erforderliche in Angriff zu nehmen? Können wir nicht auch einfach mit dem Strom schwimmen, einerlei, was jeweils von uns verlangt wird? Das Leben gibt uns immer wieder die Gelegenheit, über uns selbst hinauszuwachsen.

Nimm das nicht als billige Kopf-hoch-Philosophie. Ich sage ja nicht, dass es angenehm und leicht sein wird. Vielleicht verlangt es dir alles ab. Aber wenn du dich rückhaltlos engagierst und offen bleibst, wirst du sehen, dass du nicht allein dastehst.

Wenn dir etwas sehr Anspruchsvolles abverlangt wird, kannst du dir sagen, dass die Lösung schon in dir bereitliegt. Du musst nur den ersten Schritt tun und dann den nächsten und den nächsten. Wichtig ist, dass du nicht resignierst und aufgibst. Was du für unmöglich hältst, wird sich als unmöglich erweisen. Probleme geben uns die Gelegenheit, uns zur Höhe der Lösung aufzuschwingen.

Es gibt wirklich nichts im Leben, womit wir nicht irgendwie zurechtkommen könnten. Würden wir uns doch nur dieses eine Prinzip wirklich zu eigen machen! Wenn wir aufgefordert werden, ein Buch zu schreiben, eine Rede zu halten oder die Schulmannschaft unserer Kinder zu beraten, steckt möglicherweise nichts anderes dahinter, als dass wir genau das tatsächlich irgendwie können.

Heute also. Heute ist für dich der Tag, Ja zu sagen und dich wirklich reinzuhängen, dich innerlich auf das erforderliche Maß zu bringen und zu entdecken, was alles in dir steckt.

Stelle dich den Herausforderungen des Lebens, *denn du bist ihnen gewachsen.* Immer wieder bekommst du die Einladung, innerlich zu wachsen, dich nicht mehr an die Definitionen zu halten, die du für dich selbst gefunden und denen du dich bisher gebeugt hast. Keine Ausreden mehr.

ABEND

Du hättest gern eine Kristallkugel. Du möchtest sichergehen, dass alles immer gut sein wird, und alles, was du liebst, soll immer Spaß machen und reibungslos funktionieren. Das

Dach über deinem Kopf soll verlässlich an Ort und Stelle bleiben. Der morgige Tag und alle weiteren sollen sich plangemäß und überschaubar abspielen.

Ich finde, es gibt etwas noch viel Besseres als die Kristallkugel: Vertrauen. Bedingungsloses Vertrauen. Damit meine ich, dass du auf dich selbst vertraust, auf deinen Weg, dein Leben, deine Fähigkeiten. Du vertraust darauf, dass sich deine Zukunft vor dir ausbreitet.

Es ist wie beim Wetter. An nebligen Tagen sehen wir nicht viel und fühlen uns richtungslos. Ein andermal durchkreuzt ein Schneesturm unsere schönen Pläne. Dann wieder strahlt die Sonne vom Himmel, und die Luft ist so frisch und klar, dass einfach alles möglich scheint. Und dann dämmert doch wieder ein neuer Tag.

Unser Leben liegt ausgebreitet vor uns, aber wir können das Gesamtmuster nicht erkennen. Von da aus, wo wir stehen, sehen wir immer nur einen kleinen Ausschnitt. Trotzdem können wir vertrauen. Vertrauen ist unser größter Verbündeter, wenn es um die Zukunft geht. Hand in Hand mit ihm können wir unerschrocken ausschreiten. Nichts macht uns Angst, nichts hält uns auf. Das Wissen, dass sich der Weg schon zeigen wird, gibt uns Selbstvertrauen und Zuversicht. Auch der dichteste Nebel wird sich irgendwann auflösen. Wir müssen nicht vorher schon wissen, wann und wie. Wir brauchen nur weiterzugehen.

Das geht nicht ohne Vertrauen. Ohne Vertrauen rudern wir nur wie wild mit den Armen und verirren uns im Nebel. Wir trauen uns nicht zu, dass wir uns schon irgendwie zurechtfinden werden. Vielleicht laufen wir im Kreis und sind schließlich wieder da, wo wir losgegangen sind.

Im Vertrauen dagegen finden wir den Mut, einmal ganz still stehen zu bleiben. Wir atmen tief durch. Wir orientieren uns. Wir wissen, dass wir von Licht umgeben sind, selbst wenn wir die Hand vor Augen nicht sehen.

Sieh dich beim Einschlafen als von diesem dichten Nebel umgeben. Es ist der Nebel des Nichtwissens. Er möchte, dass du dich ihm überlässt. Bleib da, wo sich alles erst noch zeigen muss, es ist ungefährlich. Wenn dir die Augen zufallen, flüsterst du innerlich: »Ich weiß nicht.« Beim Aufwachen wirst du ein neues Vertrauen in dir vorfinden – in alles, was noch nicht zu erkennen ist, und in das Licht, das dich leiten wird.

24. Tag
Bescheidenheit, Demut

Morgen

Bescheiden sein – viele hören da »kleinlaut« oder »schwach« heraus. Andere meinen, Bescheidenheit bedeute, sein Licht unter den Scheffel zu stellen. Vielleicht besteht Bescheidenheit aber einfach darin, dass man weiß, was man kann und was nicht.

Wenn du in irgendetwas gut bist, ist es in Ordnung, dazu zu stehen. Ja, steh ruhig dazu, dass du es kannst. Und umgekehrt spricht auch überhaupt nichts dagegen, wenn du etwas nicht kannst, auch das einfach so zu sagen, wie es ist.

In diesem Organismus namens Menschheit gibt es erstklassige Tennisspieler, überaus fähige Buchhalter und brillante Anwälte, Landschaftsgärtner und so weiter – und unzählige andere, die nichts von diesen Tätigkeitsfeldern verstehen – dafür aber von anderen. Dieser menschliche Gesamtorganismus, unsere Gesellschaft, hat die erstaunliche Fähigkeit, sich irgendwie selbst zu organisieren.

Bescheidenheit heißt, dass wir in Übereinstimmung mit uns selbst leben. Leider leben viele Menschen nicht aus sich selbst heraus, sondern orientieren sich am Beifall oder den Buhrufen anderer. Um zu ermessen, ob du gut singen kannst, brauchst du dich nicht mit anderen zu vergleichen. Du *weißt* es einfach. Wenn du etwas wirklich beherrschst, brauchst du keine Bestätigung von anderen. Du weißt es, und dieses Wissen kommt ganz von innen, wo du in Übereinstimmung mit deiner Wahrheit bist.

Wer um seine Stärken und Schwächen weiß, ist im Einklang mit sich selbst. Du bist im Fluss, du bist einfach du, und es gibt keinen Grund, deine Fähigkeiten herunterzuspielen, damit andere sich nicht klein und hässlich fühlen. Bescheidenheit bedeutet für mich, dass ich Klarheit über mich selbst habe und mir selbst gegenüber ehrlich bin. Ich nehme alles genau so, wie es sich tatsächlich in mir abspielt. Ich verändere nichts daran. Das kann ein geradezu ehrfürchtiges Staunen sein, wenn ich mal mit wirklich berühmten Menschen in Kontakt komme, aber genauso gut kann es eine Verunsicherung sein, in der ich mich eher klein fühle. Einerlei, ich beschönige und verschleiere nichts von dem, was in mir vorgeht.

Um dich mit der Bescheidenheit auseinanderzusetzen, solltest du dir ein wenig Zeit nehmen, um eine möglichst umfassende Liste deiner Stärken und Schwächen anzulegen. Kannst du eine wahrheitsgetreue Inventur machen, die nichts beschönigt und nichts herunterspielt? Du musst sie ja niemandem zeigen. Also los, schreib alles ehrlich auf, und achte besonders darauf, dass du deine guten Seiten und besonderen Begabungen lückenlos aufschreibst. Wenn wir *nicht* bescheiden sind, dann weil wir uns nicht kennen. Jetzt wirst du dich kennenlernen und dann aus deiner wahren Stärke heraus agieren.

Bescheidenheit hat sehr viel mit Echtheit zu tun. Es geht darum, dass du dir selbst und anderen gegenüber authentisch bist. Und das kannst du nur, wenn du dich mit allem, was du bist, annimmst und bejahst, mit allen deinen Begabungen und Schwachstellen. Oft ist es ja so, dass wir uns nicht so gern zu unseren Stärken bekennen. Als Lehrer erlebe ich das tagtäglich, und da ist es dann meine Aufgabe, den Menschen in Erinnerung zu rufen, dass sie ruhig glänzen dürfen.

MITTAG

Wer das Licht in sich finden möchte, muss sich erst einmal mit den Schatten auseinandersetzen, und je größer das Licht, desto stärker die Schatten. Um sie anzuschauen, brauchen wir Offenheit und Bereitschaft, wir brauchen Demut.

Demut ist Mut und die Bereitschaft, verletzlich zu sein. Nur so sind wir in der Lage, alles prüfend zu betrachten, was in uns ist. Nicht nur dies und das, nicht nur das Ansehnliche. Wir sehen das Licht und den Schatten und alles dazwischen. Alles.

Was macht den Schatten aus? Unsere alten Verletzungen, alles noch Unfertige, Unabgeschlossene. Die Traurigkeit, die keine Tränen fand, die Angst, die gar nicht als Angst erkannt wurde, die unterdrückte Wut, die Klagen und Vorwürfe, die sich in dir angehäuft haben, schließlich Selbsthass und ein Gefühl von Wertlosigkeit. Der Schatten besteht aus lauter Unverdautem. Er ist all das, was du nicht als zu dir gehörig anerkennen willst.

In echter Demut aber verleugnen wir nichts davon, sondern lassen die Dinge ins Bewusstsein aufsteigen. Wenn das gelingt, werden wir wahrhaft frei.

Nur sehen wir uns den Schatten nicht gern an! Wir weichen ihm aus, wir gehen um ihn herum, wir wenden den Blick ab. Leider bekommt der Schatten dadurch immer mehr Macht über uns. Deshalb sollst du heute einmal ganz bewusst auf jedes deiner Urteile über andere achten. Nimm dir vor, jeden noch so leisen Vorwurf, jede kleine Herabsetzung zu bemerken. Ach, der ist mal wieder so arrogant. Für wen hält sie sich eigentlich? Und der da drüben benimmt sich mal wieder reichlich unreif. Wann wird er endlich erwachsen? Und dieser da erst – was für ein Snob!

Solche Urteile über andere brauchen wir nur als Spiegel zu erkennen, dann blicken wir direkt uns selbst ins Gesicht. Was wir an anderen verurteilen, ist etwas in uns selbst, das wir nicht sehen wollen.

Den Blick in den Spiegel zu wagen, das ist wahre Demut. Wir sind also selbst arrogant, verunsichert, unreif und so weiter.

Na und? Wirklich, was ist so schlimm daran? Wir sind alle so.

Bei unserer fehlgeleiteten Suche nach Vollkommenheit übersehen wir das Wesentliche, nämlich dass wir nur frei sein können, wenn wir voll und ganz der Mensch sind, der wir sind.

Wende dich dem Dunklen in dir zu. Umarme es. Dann kannst du auch dein Licht wirklich leuchten lassen.

ABEND

Erinnere dich an eine anerkennende Bemerkung aus der jüngsten Vergangenheit. Vielleicht hast du eine Arbeit abgeschlossen, die gelobt wurde. Oder du hast Komplimente für dein Aussehen bekommen, vielleicht auch für deinen guten Geschmack oder deine begabten Kinder. Wie ging es dir dabei? Ehrlich, wie war es wirklich in diesem Moment?

Konntest du es annehmen? Musstest du eine abwehrende Geste machen? Bist du rot geworden? Vielleicht hat sich etwas in dir verkrampft, und anstatt dich in diesem köstlichen Augenblick zu sonnen, hattest du den Impuls, ihn zu überspielen und schnellstmöglich hinter dich zu bringen.

Du kennst deine Schwächen und Schwierigkeiten, du könntest aus dem Stegreif und detailliert aufzählen, was alles an dir nicht stimmt. Aber was ist mit allem, was stimmt und ganz wunderbar ist? Was ist mit diesem ganz besonderen Licht, das nur du hast? Was ist mit den Gaben, die du und nur du in diese Welt hineinträgst?

Unter diesem Gesichtspunkt betrachten wir uns nicht so oft. Aber wenn es darum geht, das angeblich Dunkle in uns zu benennen, sind wir schnell bei der Hand. Ist das vielleicht Bescheidenheit oder gar Demut? Nein, es setzt uns nur herab, es löscht unser Licht, als würden wir eine Kerze ausblasen. Aber die ganze Welt verliert dadurch ein wenig Licht. Kannst du dir vorstellen, was passiert, wenn jeder Mensch sein Licht löscht? Richtig, schwarze Nacht wäre ringsum.

Demut ist der Mut, alles anzunehmen und zu bejahen, was du bist. Die ganze bunte Fülle. Du nimmst alles an, was das Göttliche dir zugedacht hat, du bist diese Kerze, du brennst und leuchtest: Hier bin ich. So bin ich.

Wenn wir jemanden als »von sich selbst eingenommen« bezeichnen, ist das nicht gerade ein Kompliment. Niemand möchte gern so wahrgenommen werden, als eitel, eingebildet und so weiter. Aber was ist eigentlich dagegen einzuwenden? Wenn du ganz mit dir selbst einverstanden bist und mit dir übereinstimmst, bist du buchstäblich »inspiriert«, von Geist erfüllt. Sind wir nicht genau deshalb hier, haben wir nicht genau dafür menschliche Gestalt angenommen?

Wenn wir unsere Gaben und Fähigkeiten spielen lassen, reichen wir anderen die Hand und helfen ihnen so dabei, zu ihrer eigenen unverwechselbaren Schönheit zu finden und zu stehen. Dann begegnen wir den Menschen nicht im Raum des Mittelmaßes, sondern dort, wo es strahlend hell ist. Wir sagen: »Ich bin hier und dankbar, dass ich hier bin. Ich werde mich in allem so annehmen, wie ich bin. Ich werde mich nicht herabsetzen und klein machen, denn das würde ich dann auch mit dir tun.«

Sei deine Kerze und leuchte hell.

So kann dein Licht die Kerze des Nächsten entzünden.

Wenn du jetzt einschläfst, lass dieses Gefühl in dir wachsen, das Gefühl, das eine wunderschöne Kerze mit leuchtender Flamme in dir wachruft. Betrachte diese Flamme mit ihrem feinen Farbverlauf. So viel Licht in so vielen Nuancen. Stetiges Licht, kein Stocken, kein Schwanken. So kannst du dich anderen zeigen, stark und sicher. Dein Licht leuchtet, und du sagst: »Ja, das bin ich.«

25. TAG
DAS LEBEN ALS MEDITATION

MORGEN

Meditation ist für viele Menschen mit dem Gefühl verbunden, etwas erreichen zu wollen. Aber zielorientierte Meditation – ist das nicht eigentlich ein Widerspruch in sich? Da sitzen wir dann in der Lotoshaltung auf dem Kissen, halten die Augen geschlossen und zählen unsere Atemzüge oder rezitieren unser Mantra und wünschen uns so dringend, dass etwas passiert. Oder wir sagen, Meditation sei nichts für uns, wir seien einfach viel zu umtriebig und könnten unmöglich länger als eine halbe Minute am Stück still sitzen.

Könnten wir nicht das ganze Leben als lebendige Meditation begreifen? Wie wäre es wohl, wenn wir jeden Augenblick in meditativer Verfassung leben würden?

Dann würden wir kein Meditationsobjekt, kein Mantra, keine besondere Sitzhaltung brauchen. Visualisieren, Atemzählen und andere spezielle Formen des Zugangs wären dann entbehrlich. Der Atem geht ein und aus, ob du besonders auf ihn achtest oder nicht. Das Sofa unter dir ist einfach da, der Boden auch und die Geräusche ringsum. Du kannst alles einfach so nehmen, wie es ist. Alle diese Dinge sind für jeden immer da, nur wir bilden uns ein, wir müssten noch etwas Besonderes oder besonders Kompliziertes unternehmen, um bei ihnen anzukommen.

Nimm das, was gerade sowieso schon der Fall ist. Du sitzt beim Zahnarzt im Behandlungssessel? Großartig. Du sitzt in der Bahn und bist unterwegs zur Arbeit? Sehr gut. Da kannst du ansetzen.

Ein wenig aufwendiger wird es bei den Geschichten, die wir uns selbst erzählen. Dabei zu meditieren ist wirklich nicht leicht. Stell dir eine leere Leinwand vor. Sieh wirklich hin, bring dich in Einklang mit dieser leeren Leinwand. Sie hat keinen Rand, sie reicht bis ins Unendliche. Sieh sie als das, was du wirklich bist, dein wahres Wesen. Wenn du eine leere Leinwand bist, ist alles möglich. Bemalst du sie aber mit Dingen, die zu tun oder nicht zu tun sind, mit Vorgehensweisen, Mantras und Übungen, wird sie unübersichtlich, und du findest dann keinen Raum mehr.

Viele Menschen haben eine »Praxis«, aber wo soll sie uns hinführen? Eigentlich geht es bei einer Praxis nicht um Ziele. Leider aber sind wir immer so sehr auf etwas aus, dass wir Zielvorstellungen brauchen und dabei vergessen, dass es letztlich um den Weg geht.

Ich habe zwar gesagt, dass wir keine Visualisierung brauchen, da die Leinwand jetzt aber schon mal da ist, stell dir doch mal vor, dein Leben sei darauf abgebildet. Das Leben *ist* die Leinwand. Wenn du sie betrachtest, siehst du alles, was da gemalt wurde. Das meiste ist gar nicht ursprünglich von dir. Du hast einen Namen bekommen, der Ort deiner Geburt stand fest, und eine Geschichte nahm ihren Lauf. Auf deinem Weg durchs Leben haben sich immer mehr Namen und Bezeichnungen auf der Leinwand angesammelt, zum Beispiel »Sohn«, »Tochter«, »Ehefrau«, »Mutter«. Die Leute sagen dir, wer du bist, und auch das füllt die Leinwand.

Es sind aber lauter Aufkleber, und du kannst sie abziehen. Du hast dich kennengelernt, du weißt jetzt, wer du bist, du brauchst die Bezeichnungen und Beschreibungen nicht mehr. Also los, zieh sie ab. Sie alle schränken dich nur ein. Diese ganzen Wörter müssen weg, erst dann kannst du wieder die leere Leinwand sein. Sogar »Spiritualität« als Begriff und alle anderen Worte und Ideen, deine Rollen, deine Pflichten – zieh alles von deiner Leinwand ab. Spürst du die Freiheit, die die leere Leinwand bietet, oder erschreckt sie dich eher?

Die leere Leinwand ist das Leben selbst. Vor unserer Geburt sind wir nichts. Nach unserem Tod sind wir nichts. Wir irren uns, wenn wir uns für dauerhaft halten. Aber wir müssen nicht erst sterben, um alles zu löschen, was auf die Leinwand geklebt wurde. Wir können das auch im Leben, und es wird grundlegende Veränderungen mit sich bringen.

Das ist damit gemeint, »das Selbst sterben« zu lassen.

Erleuchtung heißt, dass du alle falschen Vorstellungen über dich selbst löschst. Zieh also die Schichten ab, nimm die Schleier weg: all das, wovon du geglaubt hast, es sei wichtiger als nichts.

Und dann bleib leer.

MITTAG

Heute ist wieder eine Menge los, oder? Dein Terminplan ist übervoll. Dein Leben fühlt sich an wie ein Zirkus mit drei Manegen. Manchmal hast du das Gefühl, du bräuchtest ein ganzes Team von Assistenten, um auch nur alles in Gang zu halten. So viel zu tun, so viele Fahrten, Bahn, Auto, Flugzeug. Der bloße Gedanke daran ist schon zu viel.

Mein Vorschlag: Lass es einfach, denk nicht darüber nach.

Wenn wir uns mit der endlosen Liste der vor uns liegenden Aufgaben herumschlagen, Stapel von Rechnungen und Formularen anschauen, die Steuererklärung und dazu noch die Kataloge, die fast täglich mit der Post hereinflattern, kann schon mal das Gefühl aufkommen, von einer Lawine verschüttet zu werden.

Aber du hast dich selbst in diese Lage manövriert und kannst dich auch nur selbst da wieder rausziehen. Letztlich handelt es sich ja um lauter Mücken, aus denen wir Elefanten machen. Wir müssen unsere Kinder zur Schule bringen, dann steht eine Besprechung an, und auf einmal ist das alles so gewaltig, als sollten wir den Mount Everest besteigen. Der Nachmittag ist reichlich voll mit Terminen, und wenn wir darüber nachdenken, fühlen wir uns plötzlich wie an der offenen Tür eines Kleinflugzeugs, aus dem wir mit dem Fallschirm abspringen sollen.

Das alles machen wir gedanklich aus den Dingen. Sie sind in Wirklichkeit nicht so. Die Realität ist immer ganz einfach. Wir können uns Moment für Moment dem widmen, was jeweils gerade ansteht, oder wir errichten daraus ganze Gedankengebäude mit hallenden Gängen und endlosen Zimmerfluchten, die aber letztlich nichts mit dem zu tun haben, was jetzt gerade der Fall ist.

Erinnere dich an die leere Leinwand. Wenn ein Künstler etwas auf ihr malt, kann er immer nur einen Pinselstrich auf einmal machen. Wollte er versuchen, alles, was ihm vorschwebt, sofort und zeitgleich zu malen, wäre abzusehen, dass er lediglich die Leinwand unbrauchbar machen würde.

Immer nur ein Pinselstrich auf einmal.

Ein Atemzug.

Ein Wort.

Eine kleine Geste.

Mehr geht einfach nicht, aber wir versuchen es trotzdem. Und die ganze Hektik und Hetze bringt uns am Ende nichts weiter als lauter Knoten im Bauch und im Kopf. Wir selbst nehmen uns so in die Zange, dass wir nicht recht vom Fleck kommen und für nichts mehr Sinn haben. Mangel an Vertrauen treibt uns weiter und weiter, Wellen von Angst und nicht zuletzt der Glaube, wir müssten alles im Griff haben. Wir können uns dem Lauf der Dinge nicht überlassen. Und wir möchten uns nicht ändern.

Lassen wir uns dagegen Moment für Moment auf die leere Leinwand unseres Lebens ein, entsteht Zeitlosigkeit. Wenn wir ganz versunken mit etwas beschäftigt sind, vergeht die Zeit wie im Flug, und zugleich ist mehr davon da.

Ich schlage dir vor, dass du es heute einmal darauf anlegst, in jedem Augenblick ganz präsent zu sein. Den meisten Menschen fällt das erst einmal sehr schwer, aber es lässt sich üben, und schließlich wirst du dein Leben als leere Leinwand erfahren. Da sind dann Einfachheit und Klarheit, nichts wirkt beengend, und das Karussell der Gedanken steht still.

Tu immer nur eine Sache auf einmal. Lass dich ganz darauf ein. Teile deine Aufmerksamkeit nicht auf. Tauch in die Grenzenlosigkeit der weißen Leinwand ein und lass zu, dass sie sich dir nach und nach, Augenblick für Augenblick zeigt.

ABEND

Du bist nicht das, was man dir über dich beigebracht hat. Du bist nicht dein Gehirn und auch nicht deine Gedanken. Du bist nicht deine Geschichte, du bist nicht dein Name, du bist nicht dein Körper.

Du bist etwas, das keinen Namen hat. Du bist weitaus mehr, als du dir je hättest träumen lassen. Transzendent, undefinierbar, strahlend.

Du bist nicht dein Konto oder deine Leistungen. Du bist nicht dein Besitz, nicht die Wechselfälle deines Lebens, nicht deine akademischen Lorbeeren.

Du bist so viel mehr, dass du kein Maß hast.

Du bist nicht deine Fehlschläge, deine furchtbaren Enttäuschungen, deine Verluste, deine Kämpfe, deine Leiden, deine Schmerzen.

Du bist frei, ganz, heil, vollständig. Du bist nicht fehlerhaft. Du brauchst keinen Heiler. Du brauchst keine Lehrmeister.

Du bist klarer, strahlender Glanz, reines Leuchten, absolut bewundernswert.

Du bist nicht deine Angst. Du bist nicht dein Ärger. Du bist nicht deine Traurigkeit. Du bist nicht deine Unsicherheit und sicher nicht das, was du als deinen Unwert ansiehst.

Du stehst über allen Eigenschaften, über allem Verstehen. Du gehst über alle Grenzen hinaus, du bist von grenzenloser ursprünglicher Vollkommenheit.

Du bist nicht deine Freude und nicht deine Seligkeit. Du bist nicht dein Glück und nicht das, was du als Liebe gekannt hast.

Du bist mehr als alles Fühlen, mehr als alles Erleben.

Du bist frei.

Unermesslich.

Lass dich beim Einschlafen in diesen Zustand der Unermesslichkeit fallen, er ist dein wahres Wesen. Hier in der Grenzenlosigkeit bist du auch unbegrenzt empfänglich. Das Göttliche begegnet dir hier, und du bist in ihm geborgen, von ihm gesehen und verstanden. Hier erlebst du, was Einssein bedeutet.

Alles ist möglich in diesem Unermesslichen.

26. TAG
EIN MENSCH SEIN

MORGEN

Du hast deine Identität abgelegt. Dir ist klar geworden, dass du grenzenloses Sein bist. Jetzt ist es an der Zeit, deine Realität aus deinem Inneren heraus entstehen zu lassen.

Du weißt vielleicht, wie nützlich Schallschutzkopfhörer auf Langstreckenflügen sein können. Du setzt sie auf, und schon bist du den ringsum herrschenden Lärm los: das schreiende Baby hinter dir, der allzu dienstbeflissene Flugbegleiter, der sicherheitshalber zum vierten Mal nachfragt, ob du auch alle elektronischen Geräte abgeschaltet hast, und schließlich dein nerviger Sitznachbar, der nach dem dritten Cocktail zu Witzen aufgelegt ist. Du lächelst freundlich, setzt deinen Schallschutz auf – und hörst fortan nur noch deine eigene innere Stimme.

Es ist eine der Aufgaben, die zum Menschsein gehören: alle äußeren Stimmen abzuschalten, die dir sagen wollen, wer du bist. Diese Stimmen sind nicht du, sie tun nur so. Sie sind einfach das, was andere Leute ringsum reden und über dich sagen.

Ich kenne eine erfolgreiche Schriftstellerin, die früher viel zu viel auf das gegeben hat, was andere ihr zutrauten oder nicht. Ihre Eltern hatten, als sie Schülerin war, nicht viel Sinn für ihre intellektuellen Begabungen gehabt, und so traute sie sich auf diesem Gebiet auch nichts zu. Außerdem war sie als Kind Model gewesen, und es war immer nur um ihr süßes Aussehen gegangen. Kurz, sie sagte sich, es werde sie ja doch niemand ernst nehmen, also versuchte sie es nicht einmal. Erst als sie die äußeren Stimmen alle ausgeschaltet hatte, konnte sie sich zu der Schriftstellerin und Hochschulprofessorin entwickeln, die sie heute ist.

Kinder hören so lange auf ihre eigene innere Stimme, bis sie irgendwann gesagt bekommen, vielleicht von einem anderen Kind auf dem Spielplatz, wer sie sind. Du bist doof. Und wie du aussiehst! Ich kann dich nicht leiden.

Solche ersten Erfahrungen sind für viele der Moment, in dem sie ihre sogenannte Unschuld verlieren. Und mit der Unschuld geht auch die bis dahin bestehende innere Selbstsicherheit verloren.

Traurig.

Aber es muss nicht so bleiben.

Wenn wir diese Aufkleber einmal alle abgezogen haben und wieder bei der leeren Leinwand angelangt sind, ist es nicht mehr schwierig, auch unsere eigene innere Stimme wieder klar und deutlich zu hören. Sie trägt und leitet uns. Sie nährt uns wie sonst nichts auf der Welt. Wenn alles äußere Geplapper stummgeschaltet ist, wird diese Stimme, die immer in uns war, wieder stärker und lauter.

Wichtig ist, dass wir sie achten und beachten – mehr als alle anderen Stimmen. Bisher haben wir allen anderen Stimmen mehr Macht über uns eingeräumt als unserer eigenen. Das gilt es jetzt umzukehren.

An deiner inneren Stimme ist nichts Ungewisses. Du spürst sie. Sie ist so unmissverständlich wie beispielsweise der Fakt, verliebt zu sein.

Setz also diese Kopfhörer auf. Mach dich mit deinem inneren Lehrer, deinem inneren Guru vertraut. Lass die Geräuschkulisse hinter dir und bleib bei dem, was du selbst weißt. Niemand weiß mehr über dich als du. Was dich selbst angeht, bist du der Experte. Also hör auf dich.

MITTAG

Da wir Menschen sind, ist uns Einsamkeit nicht unbekannt. Alle haben wir eine Leere in uns, ein Loch, das wir gern mit irgendetwas füllen würden. Wir suchen nach Lösungen und entfernen uns dabei meist von uns selbst – obwohl es doch eigentlich darauf ankäme, uns näher zu kommen.

Nichts lassen wir unversucht, um aus dieser Einsamkeit herauszukommen. Alles scheint besser zu sein, als uns auf sie einzulassen und sie zu fühlen.

Wenn ich durch die Ortschaft in Florida fahre, in der ich wohne, sehe ich die Menschen in ihren Autos SMS schreiben. Sie stehen an der Ampel und könnten einen Moment ins Leere starren, aber stattdessen sehen sie lieber nach, was sich in der letzten Minute seit dem letzten Ampelstopp und der letzten SMS auf ihrem Smartphone getan hat.

Wann hast du den Blick das letzte Mal einfach in die Ferne schweifen lassen? Oder hast einfach nur gedankenverloren dagesessen? Wann hast du das letzte Mal ohne Handy oder E-Reader allein etwas gegessen?

Sollten wir uns nicht lieber auf uns einlassen, statt uns auszublenden? Als Menschen, sagte ich, sind wir manchmal einsam. Sollte das nicht einfach so sein dürfen? Wir hätten dann die Gelegenheit, still genug zu werden, um der tiefen Weisheit in uns zu lauschen. Unter dem Schmerz der Einsamkeit, wenn wir ihn wirklich einmal an uns heranlassen würden, könnten wir die größte Freude vorfinden, die wir je erlebt haben.

Wenn wir uns dagegen sperren, uns wirklich zu fühlen, bleibt uns vielleicht die ganze Tiefe des Schmerzes erspart, aber leider auch die damit einhergehende tiefe Freude und Verbundenheit.

Lass den freien Fall einmal zu. Fühl einmal ganz und gar, was es heißt, ein Mensch zu sein. Wir fürchten, dass der Absturz ins Bodenlose ginge, sollten wir uns einmal fallen gelassen haben. Wir lassen es gar nicht erst darauf ankommen, halten uns zurück und verhindern dadurch zugleich auch die Möglichkeit, uns zu entwickeln.

Lass den Schmerz zu und atme deine Sehnsucht.

Schaffe dir im Lauf des Tages immer wieder Räume für Augenblicke des Leerlaufs, in denen gar nichts passiert – außer Muße. Gib deiner Intuition Raum, damit sie sprechen kann. Hör auf zu reden, und fang an zu lauschen. Nimm dir für heute fest vor, dass du dir pro Stunde eine Minute nimmst, nur eine einzige Minute, in der du nichts tust.

Am besten probierst du es gleich jetzt mal aus. Leg dieses Buch weg und unterbrich alles, was vielleicht sonst noch geschieht. Schau eine ganze Minute lang nur aus dem Fenster, ganz gleich, ob da eine Mauer, eine Feuerleiter, eine Wiese oder eine Skyline zu sehen ist. Wichtig ist nur, dass du *nichts* tust, gar nichts. Tatenlosigkeit. Raum für die tiefe Stimme der Wahrheit in dir.

ABEND

Bevor du es dir heute Abend zum Lesen gemütlich machst, hast du noch etwas zu tun. Such das älteste Foto von dir heraus, das du jetzt ohne große Mühe finden kannst. Ein kleines Kind solltest du darauf sein, vielleicht sogar ein Säugling. Sicher weißt du, wo du solche Bilder finden kannst – in einem Karton im Schrank, im Fotoalbum, in einer Kommodenschublade. Wenn du jetzt gerade nichts finden kannst, macht das auch nichts, sicher kannst du dein Kindheits-Ich auch einfach vor deinem inneren Auge erscheinen lassen. Lass dir Zeit, ich warte.

Fertig? Gut. Es geht um Verbindung, Verbundenheit mit deinem wahren Wesen, so tief du nur eben kannst. Nähere dich dem an, der du warst, als du in diese Welt geboren wurdest. Vor Enttäuschung, Traurigkeit, Ärger und Angst. Wer warst du da?

Falls du jetzt ein Foto in der Hand hältst, schau diesem Kind tief in die Augen. Es kann sein, dass dir ein wenig mulmig dabei wird, lass es geschehen. Es kann auch sein, dass dir Tränen kommen.

Wer warst du damals?

Und wer bist du jetzt?

Angenommen, du könntest durch all die vielen Kalender zurückblättern, bis du wieder dieses Kind bist, wie würde deine Stimme klingen? Was würde sie sagen? Wie würde sie dich leiten, diese Stimme, bevor andere Stimmen lauter Grenzen um dich gezogen haben und dir dein unschuldiges, reines, mit nichts Fremdem belastetes Ich verloren gegangen ist?

Lass dir ein paar Minuten Zeit. Lies für den Moment nicht weiter. Schau in diese Kinderaugen. Sie zeigen das, was du wirklich bist.

Diese Stimme ist nie verstummt. Sie wurde gedämpft, aber nie zum Schweigen gebracht. Sie hat dein Leben lang jede einzelne Sekunde auf dich gewartet, auf diesen Augenblick. Sie wartet darauf, dass du dich auf deine tiefste Intuition besinnst, dein ureigenes inneres Wissen.

Diese Stimme ist das Innerste unseres Menschseins. Sie ist alles, wonach du dich sehnst, und alles, wonach du bisher gesucht hast. Es ist *deine* Stimme, ganz allein deine. Beim Blick in deine Kinderaugen berührt dich etwas, das sehr real ist. Die Unschuld. Die Liebe. Da ist etwas, und es ist förmlich mit Händen zu greifen – wunderbar, poetisch und unmissverständlich.

Richte jetzt auf deinem Nachttisch einen Platz für dieses Bild ein. Leg es nicht wieder in den Karton zurück. Behalte es so zumindest nachts in deiner Nähe, damit es dich immer an die Rückkehr zur Unschuld erinnern kann. An die Rückkehr zur Klarheit, die Rückkehr zur Schönheit deines unverbildeten Menschseins.

Beim Einschlafen sag diesem Kind Gute Nacht. Deck es warm zu in dir. Sag dir, dass du morgen vom Aufwachen an von der untrüglichen Stimme der Intuition geleitet sein wirst, von *deiner* Stimme.

27. Tag
Das Unermessliche

Morgen

In Indien hat jedes Haus seinen eigenen heißen Draht zu Gott, einen Altar, den jeder so ausschmückt, wie es ihm für seinen Pfad zum großen Mysterium und seine Gottheit angemessen erscheint. Wer schlau ist, versammelt dort alle Götter. Krishna beispielsweise, den Gott der Liebe und Ergebenheit. Wer Krishna anbetet, ist auf diese Schwingung ausgerichtet und steht mit ihr in Resonanz. Dann haben wir Saraswati, die für alles Kulturelle zuständig ist, für Bildung und Musik etwa. Wenn du also Pianistin oder Geiger bist, wen rufst du dann an? Saraswati, wen sonst?

Das Göttliche ist grenzenlos und unermesslich. Zum Unermesslichen als solchem ist keine direkte Beziehung möglich. Das wäre so, als würde man direkt in die Sonne schauen. Dabei kann man schlimmstenfalls erblinden, jedenfalls ist man geblendet, und wer geblendet ist, kann nichts mehr unterscheiden. Wir brauchen Zugänge, die uns nicht überfordern. Wir müssen uns das Göttliche irgendwie fassbar machen, man könnte auch sagen, auf unser Maß bringen.

In den alten Kulturen wussten die Menschen das. Sie waren sich darüber im Klaren, dass Gott Energie ist. Und sie wussten auch, dass wir Menschen unsere Lebendigkeit daher beziehen, wonach wir auf der Suche sind – auch wenn wir uns zumeist für jeweils für sich stehende Bewusstseinsgebilde halten, die ein von den anderen isoliertes Dasein fristen.

Echte Spiritualität und Verbundenheit sind nicht in Lehrbüchern zu finden, sondern können nur unmittelbare eigene Erfahrung sein – und dann erzählt der Mensch vielleicht anderen davon. So haben es Mystiker und große spirituelle Lehrer schon immer gemacht. Sie verlegen sozusagen neue »Leitungen« zwischen den Menschen und Gott. Ihre eigene Sehnsucht und Erfahrung haben sie zu einer ganz neuen Sicht der Dinge geführt, sodass sie anderen Menschen neue Entwicklungsmöglichkeiten und Wege erschließen können. Alle Religionen, wage ich zu behaupten, führen zum gleichen unermesslichen Ozean der Energie. Kannst du dir vorstellen, wie sich unser Gottesbild wandeln würde, wenn wir das alle so sehen könnten? Wenn Gott unermesslich ist, dann kann keine Religion und kein Mensch falsch liegen!

Das Unermessliche kann man nicht mal eben anrufen, es ist einfach zu groß dafür. An einen Gott hingegen kann man sich durchaus wenden.

Kommen wir noch einmal auf das indische Haus zurück. Vielleicht wendest du dich an Ganesha, den Überwinder aller Hindernisse. Wenn du vor einem Examen stehst oder eine Sucht loswerden möchtest, wählst du am besten Ganeshas Nummer, ganz klar. Er kann Hindernisse aus dem Weg räumen – oder welche vor dir auftürmen, was dich dann dazu bringt, den Weg einzuschlagen, der am besten für dich ist.

Im Christentum haben wir Jesus, den Heiligen Geist und die heilige Mutter Maria. Im Judentum ist das Ritual der Zugang zum Göttlichen, und die Rabbis und Lehrer sind die Brücke. Buddhisten haben Buddha, aber auch Kuan Yin, die Göttin der Barmherzigkeit. Im Islam gilt, dass Allah ohne Form und an keinem bestimmten Ort ist.

Jede Religion und alle mystischen Traditionen sagen im Prinzip, dass das Göttliche unermesslich ist. Und vielleicht ist es ein Zeichen unserer Zeit, dass jede Religion behauptet, im Besitz dieses Unermesslichen zu sein.

Was für ein Jammer! Dieses uneinsichtige Beharren erzeugt Dichte, während das Göttliche nichts als reine Liebe für uns im Sinn hat. Es beurteilt uns nicht, aber wir urteilen und machen die Schubladen, in die wir uns und andere einsortieren, kleiner und kleiner, bis wir uns schließlich kaum noch rühren können.

Heute schauen wir einmal, wie wir uns dem unermesslichen Ozean der Energie in ganz kleinen Schritten annähern können. Um an den Vergleich mit dem direkten Blick in die Sonne anzuknüpfen: Jetzt ist es an der Zeit, eine Sonnenbrille mit UV-Schutz aufzusetzen. Nach einiger Zeit werden wir den Schutz ein wenig reduzieren können. Von heute an wachsen wir in das Verständnis hinein, dass all diese Formen die Annäherung an das Unermessliche ermöglichen, sodass eine Beziehung überhaupt erst einmal entstehen kann. Jesus, Krishna, Buddha, Kuan Yin und vielen anderen ist es schließlich auch gelungen. Nur befinden wir alle uns an verschiedenen Stellen des Weges. Wenn wir uns auf dieser Erde irgendwann alle zusammenfinden möchten, müssen wir zuallererst mal verstehen, dass unsere Rede von Gott den Versuch darstellt, über diese unermessliche Energie zu sprechen, die uns alle umfängt und in der wir alle geborgen sind.

MITTAG

Sicher führt dich dein Weg heute an irgendeiner Andachts-stätte vorbei oder sogar hinein – sei es eine Kirche oder ein zum Himmel strebender Dom mit prächtigen Glasfenstern, vielleicht eine Moschee oder Synagoge, ein Yoga-Shala oder ein buddhistisches Meditationszentrum. Das Heilige ist überall, wohin du den Blick auch wendest. Das Göttliche ist auch außerhalb der Mauern, hinter die sich manche von uns zurückziehen, um mit dem Göttlichen zu sprechen.

Ich habe mich schon immer durch alle Dinge mit dem Göttlichen verbunden gefühlt, einfach weil ich es den Groß-teil meines Lebens als dieses Unermessliche ringsum gesehen habe. Es umspült uns förmlich, es ist in uns und um uns – in einem Grashalm, in der durchs Gras wuselnden Maus, in einem schlafenden Baby, im faltigen Gesicht einer alten Frau. Es ist in der Liebe, die wir fühlen, ebenso wie im Schmerz und im Kummer, es ist in jedem noch so kleinen Detail.

Deshalb möchte ich dir heute vorschlagen, dass du dir einmal den ganzen Tag über diesen unermesslichen Ozean bewusst machst und dich ihm öffnest.

Sieh das Göttliche heute in allen und allem: in jedem Menschen, jedem Gespräch, jeder Begegnung; in jedem Hap-pen, den du isst, jedem Schluck, den du trinkst, in jedem Lachen und in jedem frustrierenden oder sorgenvollen Au-genblick. Nimm einfach die ganze Welt so wahr, als hättest du gerade ein Heiligtum betreten. Denn es ist so, diese Welt ist ein Heiligtum. Das Göttliche, das du da draußen siehst, ist auch in dir. Mach dir das wirklich voll und ganz bewusst.

Und hinterfrage es für heute einmal nicht, ziehe es nicht in Zweifel.

ABEND

Ich bin sprachlich nicht zu erfassen, nehme aber trotzdem sprachliche Gestalt an, damit du mich erkennen kannst. Wenn du dich ins Bett legst, sag dir, dass ich die Luft bin, die du atmest. Ich bewahre das Leben, ich nähre dich im Schlaf, ich wache über dich und liebe dich uneingeschränkt.

Ich bin jeder Stern am Himmel, jede Blume da draußen auf der Wiese. Ich bin die mächtige Eiche, die streunende Katze und der uralte Mann, der gebeugt die Straße überquert. Ich bin alle großen Führungsgestalten der Welt, die auf dem Gehsteig sitzende obdachlose Frau, die über deine Terrasse kriechende Raupe. Eine Schar wilder Gänse. Der Buckelwal. Die Kinder beim Versteckspiel. Ich bin das Leben, wie es sich in seiner ganzen wunderbaren Vielfalt jeden Augenblick entfaltet.

Ich mache mich bemerkbar, ich möchte, dass du mich siehst und erkennst.

Ich habe dir schon immer zugewunken und dich eingeladen, nach Hause zu kommen. Du hast mich wohl in einer bestimmten Form oder Gestalt erwartet und deshalb nicht gemerkt, dass ich schon immer und für immer in allem und allen bin.

Nie getrennt, nie gesondert. Ich warte geduldig.

Ich bin das Unermessliche, und ich leite dich still. Ich bin der Bòden unter deinen Füßen, ich bin in dir, immer, immer.

Ich bin da, wenn du die Seiten dieses Buchs umblätterst. Zu Hause bin ich ebenso bei dir wie auf der Straße, im Zug, im Büro oder wenn du die Kinder zur Schule bringst. Ich bin in den Augen der Menschen, denen du begegnest, im Vogelzwitschern aus deinem Garten, im Rascheln des Herbstlaubs, in den wärmenden Strahlen der Sonne auf deiner Haut. Ich bin der Eiszapfen am Vordach und die auf deiner Zunge schmelzende Schneeflocke.

Was du auch erlebst, ich bin es. Dein Leben schenke ich dir. Und du, du bist mein über alles geliebtes Geschöpf.

Du fühlst mich in dem Schauer, der dir über den Rücken läuft, und auch das, was du beim Weinen oder Liebesakt erlebst, bin ich. Du fühlst mich in deinen Stärken und Schwächen, im Alleinsein wie auch im Gewimmel, im seidigen Haar deiner Kinder, in aufflammender Wut und in unverhofften Augenblicken der Gnade.

Wenn du mich einmal erfasst hast, brauchst du keine Erinnerungen mehr. Du wirst mich immer und überall sehen.

28. TAG
WERKZEUGE UND TECHNIKEN

MORGEN

Viele Menschen wachsen mit Ritualen auf oder entdecken später selbst welche, die ihnen liegen und sie tragen. Rituale gemahnen uns daran, dass wir Menschen sind und unser Leben Bedeutung hat. Sie sprechen unsere Sinne an, lassen uns in unseren Körper zurückkehren und beide Füße fest auf dem Boden spüren. Sie mögen vielleicht einer bestimmten Religion zugeordnet sein, aber im Kern sind alle Rituale Erinnerungshilfen: Sie lassen uns innehalten und durchatmen, die Zeit wird dann langsamer. Durch Rituale sammeln wir uns in einem Augenblick der Beziehung zum Höchsten in uns, zur Gemeinschaft und zum Göttlichen.

Bleib bei deinem Glauben, deiner Praxis und allem, was dazugehört. Es ist eine Schwingung, die all das vertieft, was dir lieb und teuer ist.

Was ich hier anbiete, ist nicht als Alternative gemeint, sondern möchte bei der Verbundenheit ansetzen, in der du bereits bist.

Wir müssen uns mit allem annehmen, was wir als Menschen sind. Viel zu oft geht es darum, dass wir etwas weglassen oder ablegen oder gar fürchten sollten, dass wir uns von etwas befreien, unseren Geist still machen, unser Ego ausschalten müssten, aber genau das Gegenteil ist der Fall. Uns mit absolut allem anzunehmen, was wir sind, das ist die Freiheit, nach der wir uns sehnen.

Wir brauchen uns *nicht* zu verändern! Ist das nicht mal eine fantastische spirituelle Technik?

Lass dein tägliches Ritual zum Anlass werden, dich voll und ganz zu bejahen. Betrachte dich still und mach dich so weit, dass alles, was du bist, in dir Platz hat. Begegne dir mit Freundlichkeit und Selbstliebe. Behalte bei allem immer den mittleren Weg im Sinn, den breiter und breiter werdenden mittleren Weg, der schließlich weiter, offener Raum ist – und da begegnest du dir selbst. Wie eine Mutter ihr Kind liebevoll so nimmt, wie es ist, so bedingungslos sollten wir auch uns selbst annehmen. Und genau das in aller Konsequenz wünscht sich auch das Göttliche für uns.

MITTAG

Neulich war ich zum Abendessen im wunderschönen Haus eines sehr erfolgreichen Arztes und seiner ebenso erfolgreichen Frau eingeladen. Es hätte von all den interessanten und berühmten Leuten im Bekanntenkreis der beiden die Rede sein können, von ihren Reisen oder von den Kunstwerken, die sie aus aller Welt mitgebracht haben. Stattdessen aber unterhielten wir uns über Tomaten.

Der gute Doktor schwingt am Wochenende die Gartensche-
re, liest alles, was über Tomaten geschrieben wird, und be-
kocht seine Gäste mit unglaublichen Menüs. Und wie er
glüht, wenn er von seiner Passion erzählt! In seinem Beruf
rettet er Menschenleben – Rockstars und Angehörige des
Königshauses sind unter seinen Patienten –, und er bereist
die ganze weite Welt. Aber was ihn am meisten bewegt und
mit dem Göttlichen verbindet, ereignet sich in seinem Ge-
wächshaus.

Wir alle haben unsere kleinen und großen Leidenschaf-
ten. Das kann unsere Elternrolle sein, Musik, Vogelbeobach-
tung, Surfen oder Kunst. Selbst das Addieren von Zahlenko-
lonnen und die Auslegung der Ergebnisse können eine
Leidenschaft für sich sein. Vielleicht trainierst du für einen
Triathlon, oder du bist Vorschullehrerin. Was es auch sei,
wenn wir für etwas Feuer und Flamme sind, wenn wir uns so
sehr in unser Thema versenken, dass sich dabei unsere Um-
risse auflösen und wir mit dem Göttlichen verschmelzen,
dann sind wir gerade mit unseren wichtigsten Werkzeugen
und Techniken befasst. Dann sind wir unmerklich in den
Zustand der Gnade hineingeglitten.

Nimm dir für heute vor, dass du alle Augenblicke registrieren wirst, in denen du diese Begeisterung und Lebendigkeit verspürst. Sicher wird der Tag nicht voll davon sein, es
gibt auch immer Zeiten, in denen du dich langweilst oder
ärgerst und frustriert bist, nur halb bewusst, nur halb lebendig. Da trommelst du mit den Fingern herum oder wippst
mit den Beinen auf und ab. Manche Stunden können gar
nicht schnell genug vergehen, da würdest du die Zeit am
liebsten beschleunigen. Das geht uns allen so. Aber irgend-

wann während des Tages schimmern auch schöne Momente durch. Koste sie voll aus. Darin fühlst du dich leicht, angeregt, energetisiert. Vielleicht verbunden mit einem kindlichen Staunen. Dein Herz öffnet sich dann wie eine Blüte. Es sind die Augenblicke, in denen du zu deiner Unschuld zurückfindest – zu etwas in dir, was eigentlich nie verloren gegangen ist. Jetzt kommst du zu dir nach Hause. Dies sind kostbare Augenblicke, schätze sie als solche und schenke ihnen deine volle Aufmerksamkeit.

Wenn es hell wird in dir, tust du etwas, was dich mit dem Göttlichen verbindet.

Abend

Jeder Mensch hat seinen ganz eigenen »Werkzeugkasten«. Wie ein Klavierstimmer seine Stimmschlüssel und andere Gerätschaften sowie Ersatzteile bei sich hat, können auch wir auf Werkzeuge zugreifen, die uns wieder auf das Leben »einstimmen«.

Und wir brauchen sie, diese Hilfsmittel, die uns an unser wahres Wesen erinnern, die uns daran erinnern, dass wir von diesem grenzenlosen Ozean der Energie umgeben sind und dass es sich bei unseren Emotionen und Gefühlsregungen um bewegte Energie handelt. Wir *sind* nicht unsere Angst, unsere Traurigkeit, unsere Wut. Wir sind auf einer Wendeltreppe – heil und ganz, und es fehlt uns an nichts. Wir sind geliebt.

Das vergessen wir leicht. In diesem hektischen, lauten Leben mit seinen vielen Ablenkungen verlieren wir häufig den sicheren Stand. Dann sehen wir nicht mehr, worauf es wirklich ankommt. Wenn wir in dieser Verfassung über Werkzeuge verfügen – sichtbare, greifbare, praktische Erinnerungshilfen –, können wir ohne große Mühe wieder zu uns selbst zurückfinden.

Was sind das für Werkzeuge? Nun, eines könnte schon mal das Foto aus deiner Kindheit sein, das hoffentlich noch an deinem Bett steht und dort auch bleibt. Was noch? Wahrscheinlich sind dir selbst inzwischen schon ein paar andere Dinge eingefallen, die einen entsprechenden Platz in deinem Leben bekommen könnten. Vielleicht etwas, was mit deinen religiösen und spirituellen Überzeugungen im Zusammenhang steht, aber es kann auch etwas ganz anderes sein. Manche tragen stets ein vierblättriges Kleeblatt bei sich, um sich daran zu erinnern, dass das Leben auf ihrer Seite steht. Oder eine Goldmünze, die ihnen ein Gefühl von Reichtum vermittelt – irgendetwas, einen Kristall, ein bestimmtes ätherisches Öl, ein Gedicht, eine Muschel … All diese greifbaren Dinge haben den einen Zweck, dich zu dir selbst zurückzuführen, zurück zu der Wahrheit, die immer in dir ist.

Diese Wahrheit ist stets da, aber sie ist wie ein Zauberlicht, das nur dann leuchtet, wenn wir an es denken. Es kommt also darauf an, dass du dich erinnerst. Deshalb solltest du immer etwas griffbereit haben, was dich dabei unterstützt.

Such dir etwas, was dir dabei helfen kann, was dich unterstützt und trägt. Es können ganz alltägliche Dinge sein, aber sie wirken. Wenn du einmal herausgefunden hast, was dir hilft, dann lässt es einen Weg entstehen, der dich zurück nach Hause führt.

29. TAG BOTEN

MORGEN

Wenn ich Bernard Madoff und Michael Jackson als Boten bezeichne, was denkst du dann? Und was denkst du, wenn ich das noch weiter ausbaue und behaupte: Jeder armselige Milliardär und jeder an zu viel Ruhm zerbrochene Künstler führt uns vor Augen, dass aller Reichtum, aller Beifall und alle Macht der Welt nicht mit Glück gleichzusetzen sind.

Ich habe nie Lehrer im engeren Sinne des Wortes gehabt. Meine Beziehung zum Göttlichen war nie an bestimmte Personen oder Orte gebunden. Im Laufe der Jahre habe ich gelernt, dass uns *alles* helfen möchte. Alles unterstützt und fördert uns, absolut alles.

Gott spricht mit unzähligen Stimmen zu uns. Jeder Mensch, dem du begegnest, ist ein Bote. Stell dir vor, wie es wäre, wenn du ständig in diesem Bewusstsein leben könntest. Jeder Mensch, der deinen Weg kreuzt, trägt etwas zu deinem Leben bei – auch wenn es sich momentan vielleicht ganz und gar nicht so anfühlt.

Alle Zeiten und Kulturen hatten ihre Boten, welcher Herkunft oder welchen Standes sie auch waren. Weil jeder Mensch die Wahrheit mit eigenen Ohren und deshalb auf ganz eigene Weise hört – auch wenn es im Grunde immer wieder ein und dieselbe Wahrheit ist. Das Maß der göttlichen Liebe zeigt sich nicht zuletzt darin, dass sie immer wieder die für jede Zeit und jeden Ort geeigneten Boten entsendet, damit jeder Mensch die eine schlichte und immer gleiche Botschaft empfangen kann: *Du bist Liebe.*

Gott ist Liebe.

Das Göttliche ist Liebe.

Du bist Liebe.

Das ist in allen Zeiten wieder und wieder übermittelt worden. Es wurde oft schon missverstanden, aber jetzt, so glaube ich, sind wir endlich in der Lage, es zu verstehen, es nicht nur zu hören, sondern zu erfassen und dann auch zu leben. Wir haben ein Extrem der Trennung und Zwietracht erreicht, durch das es überall auf der Welt zu unerträglichen Exzessen kommt. Jetzt stehen wir vor der Wahl, uns nach innen zu wenden, jetzt haben wir die einmalige Gelegenheit, endlich aufzuwachen.

Ich kenne Menschen mit bis zu acht Villen und mit Privatjets, einer hat sich in sein Super-SUV hinten einen Hometrainer einbauen lassen, damit er etwas für seine Gesundheit tun kann, während er sich ins Büro chauffieren lässt. Ob dieser Mann in seinem Multitasking-Wahn wohl glücklich ist? Haben wir nicht langsam den Punkt erreicht, an dem ein Mehr einfach nicht mehr möglich ist? Schönheit, Geld, Macht, Jugend – das sind alles falsche Botschaften, und die Wahrheit wurde wie mit Photoshop wegretuschiert. Die Leute auf den Hochglanzillustrierten werden mittels Airbrush-Technik zu Kunstprodukten stilisiert, die überhaupt nichts mehr mit lebendigen Menschen gemein haben. Das ist das Werk unserer unstillbaren Gier. Es scheint ihr gelungen zu sein, die menschliche Natur zu pervertieren. Es gibt kein Genug mehr. Nichts, was wir je haben oder sein könnten, ist uns genug.

Haben wir das schon klar genug erkannt? Ich denke, es ist nicht mehr weit bis dorthin. Die Energie dieser Erde verschiebt sich bereits ein wenig weg von Angst, Mangelbewusstsein und Konkurrenz hin zu Gegenseitigkeit und liebevollem Miteinander. Die Energie des Ganzen formuliert die Botschaft, und die Energie des Ganzen wird von nun an zunehmend von Liebe geprägt sein. Wir sind die Generation, der dieser Wandel gelingen wird. Wir werden ein einziger Organismus. Darin steht niemand über irgendeinem anderen. Hand in Hand setzen wir das ins Werk, was der gesamten Menschheit zugutekommen wird.

An dieser Wegmarke unseres gemeinsamen Entschlackungsprozesses weißt du sicher schon, von welch unterschiedlicher Schwingung Angst und Liebe sind. Das Universum ist ein einziger Feedback-Mechanismus: Wo die ausgesendete Schwingung Angst ist, kann man von Liebe reden, so viel man will, es kommt doch nur Angst zurück. Wir reagieren auf Energie, nicht auf Worte. Sendest du Liebe, wahre Liebe, dann kommt auch Liebe zurück, und die großen Boten, die diese Welt bisher hat kommen und gehen sehen, sind sich hierin alle einig: *Bleib in der Schwingung der Liebe, und du hast den Himmel auf Erden.*

Und es ist gar nicht mal so schwer. Sprich einfach immer in Übereinstimmung mit deiner inneren Wahrheit, dann sind deine Worte schon in Resonanz mit deiner Schwingung.

Geh heute einmal davon aus, dass jeder Mensch, dem du den lieben langen Tag begegnest, eine Botschaft mitbringt, die deinem Leben nützen wird. Lass dir bei jeder Begegnung ein paar Sekunden Zeit, um dich dem zu öffnen, was der andere für dich dabeihat. Jeder Einzelne hat dir etwas über dich mitzuteilen. Überhaupt möchte das Leben dir ständig Mitteilungen zukommen lassen, nur dass du sie oft nicht verstehst oder zuordnen kannst. Was da mit dir sprechen möchte, ist das Göttliche selbst. Das fühlt sich nicht immer behaglich an und ist auch nicht immer sofort klar. Doch mit der Erfahrung bildet sich dein Urteilsvermögen weiter aus. Das kann sich wie im Chemielabor abspielen, wo man feststellt, dass manche Stoffe sich bereitwillig miteinander verbinden und andere eben nicht. Achte einfach darauf, wie du dich in Anwesenheit anderer fühlst. Die Botschaften liegen nicht nur in dem, was du hörst, sondern mehr noch in deinen Gefühlen. Lass dich auf sie ein.

Die Boten in unserem Leben helfen uns nicht allein mit ihren Worten, sondern vor allem durch ihre Energie. Wir brauchen nur aufmerksam und offen zu sein, das reicht schon.

MITTAG

Bevor du heute Morgen das Haus verlassen hast, hast du geduscht, dich rasiert oder geschminkt, dir die Haare geföhnt, die Halskette umgelegt, den Schlips gebunden. Du wolltest dich von deiner besten Seite zeigen. So warst du schließlich gerüstet und bereit, der Welt entgegenzutreten.

Kaum vor die Tür getreten begegneten dir schon lauter Zeichen und Boten. Und entweder hast du nun bereitwillig aufgenommen, was sie dir übermitteln wollten, oder du warst schon so in deine Vorhaben vertieft, so unerreichbar, dass du gar nichts davon mitbekommen hast. Auf diese Weise aber stehst du deiner eigenen Entwicklung im Weg. Du überhörst die Mitteilungen des Universums schlicht und lässt dich von Angst statt von Liebe leiten.

Eine Freundin ließ kürzlich ihren alljährlichen Mammografie-Termin ausfallen. Etwas später hörte sie während einer Autofahrt zufällig eine Radiosendung, in der eine frühere Brustkrebspatientin interviewt wurde. Daraufhin nahm sich meine Freundin vor, ihre Gynäkologin anzurufen und einen Termin auszumachen. Aber sie vergaß es dann doch wieder. In der Mittagspause ging sie in ein Kaufhaus, wo zum internationalen Brustkrebsmonat Oktober ein Stand mit den charakteristischen und weithin sichtbaren rosaroten Schleifen aufgebaut war. Trotzdem vergaß sie ihr Vorhaben ein weiteres Mal. Abends telefonierte sie dann mit einer Freundin vom College, die ihr von einer anderen Kommilitonin erzählte, bei der eine Brustamputation vorgenommen werden musste. Am nächsten Morgen vereinbarte meine Freundin einen Termin.

Wenn wir auf die kleinen Zeichen und geflüsterten Hinweise achten, die uns ständig zukommen, erkennen wir, dass uns ein stetiger Strom göttlicher, liebvoller Anleitung umgibt. Wir hören und sehen dann auf einmal aus einer anderen Warte, wir lassen uns immer mehr von unserer Intuition leiten und finden sie von außen bestätigt – eben durch diese Zeichen und Mittler.

Sei den heutigen Tag über besonders wachsam, achte auf wiederkehrende Themen. Auf diese Art versucht sich das

Universum dir mitzuteilen. Gibt es Konstanten, also Dinge oder Anstöße, die immer wieder auftauchen? Oder eine Sache, die wieder und wieder deine Aufmerksamkeit fordert?

Es kommt auf deine wache Bewusstheit an, jeder Augenblick birgt seine Zeichen und Hinweise. Die äußere Realität ist so, wie sie ist, stets zu deinem Nutzen und dir zu Diensten.

Sei heute wach und aufnahmebereit für jedes Zeichen, jeden Boten. Du wirst sehen, dass du auf Schritt und Tritt unterstützt wirst.

Abend

Kannst du dich an alle Menschen erinnern, denen du heute begegnet bist – nicht nur an die wichtigen Personen, die deinen Lebensmittelpunkt bilden, also Familie, Kollegen und Freunde, sondern wirklich an alle? An die Kellnerin beim Mittagessen, den Mann im Zeitungskiosk, die Menschen im Zug, in der U-Bahn, im Bus und so weiter? An den Gitarristen auf der Straße, den Taxifahrer, die Vorschullehrerin deiner Tochter? An den Metzger, den Postboten, die Kassiererin mit dem interessanten Tattoo? Irgendwer hat etwas über Autismus erzählt. Ein Kind ist auf dem Fahrrad vorbeigezischt, als du aus dem Haus gekommen bist, und irgendwo hat ein Teenager mit Kopfhörern gestanden und auf das Display seines Smartphones gestarrt.

Jeder Einzelne ist das Göttliche, und jeder hat eine Botschaft für dich.

Wenn wir ansprechbar sind, weil wir hinhören, hebt sich unser Leben auf eine neue Stufe. Und in dieser Welt erwarten uns Geschenke, wohin wir auch blicken. Mit jedem Menschen, der uns begegnet, kommt uns ein wenig Weisheit entgegen, und das Unmögliche wird möglich.

Wenn wir all die Boten ringsum als Boten erkennen wollen, müssen wir vor allem die Augen richtig aufmachen und dürfen uns nicht auf das beschränken, was wir zu sehen *glauben*. Schnelle Urteile, Befürchtungen, kleinliche Bedenken, Vorurteile, Ängste – das alles bleibt hinter uns. Und wir betrachten die Welt ringsum mit klarem, offenem Blick, bereitwillig, einladend, großzügig. Auf die gleiche Weise begegnet uns dann auch alles von außen. Es ist ein Naturgesetz: Wenn wir allem und allen aufgeschlossen entgegentreten, empfangen wir die Botschaften, die das Göttliche für uns bestimmt hat und bereithält.

Manche dieser Botschaften sind überdeutlich wie Neon-Schriftzüge, andere können äußerst subtil, aber von gleicher Wucht sein. Wer aufgeschlossen für diese Botschaften und empfänglich für ihre Frequenzen ist, wird eine Verwandlung erleben – es kann gar nicht anders sein.

Wenn du jetzt gleich einschläfst, lass alle Gesichter dieses Tages noch einmal an dir vorbeiziehen, eins nach dem anderen. Versuch dir vorzustellen, was du zu jedem Einzelnen gesagt hättest, wenn Gelegenheit dazu gewesen wäre. Lass das dein Schlaflied sein. Vielleicht wirst du morgen schon bei allen neuen Begegnungen und im Licht des neuen Tages jedem einzelnen Menschen ansehen, dass er dir ein Geheimnis über dich zu verraten hat.

30. TAG
DAS NEUE LEBEN

MORGEN

Auf diesem Weg weitet sich die Welt mit jedem Schritt, und du bist immer besser in der Lage, mit allem mitzuhalten, was sich in dir zeigt. Spürst du, wie viel Raum da entsteht?

Von heute an setzt du alles Gelernte in die Tat um, lässt es Leben werden und tagtägliche Erfahrung. Du wirst immer offener, und deine Empfänglichkeit wächst von Mal zu Mal mit. Du bist wie eine Blume, deren Blüte sich zur Sonne hin öffnet. Eine neue Schwingung ist in dir und geht von dir aus.

Mir geht es oft so, dass ich mich unsichtbar fühle. Ich glaube, die meisten Menschen sehen mich dann auch wirklich nicht. Ich bin auf einer anderen Schwingungsebene, wo nur Menschen von ähnlicher Schwingung mich sehen, in Augenblicken des gegenseitigen Erkennens. Deshalb suche ich auch keine Begegnungen mehr, sondern lasse zu, dass sie sich organisch von selbst ergeben. Auf meinen Kopf höre ich einfach nicht, denn zu oft habe ich erlebt, dass die Menschen, die ich mir *aussuche*, die falschen sind. Mein Leben ist eine Rückkopplungsschleife, die mich immer wieder zu mir selbst zurückführt.

Je mehr du dich im Leben an Schwingungen orientierst, desto mehr gelingt dir in allen Bereichen und desto leichter kommst du mit anderen zusammen. Wenn du das weißt, bist du wie Neo in dem Film *Matrix,* nachdem er die rote Pille geschluckt hat: Du weißt, das da noch mehr ist und dass *du* mehr bist. Was dich bis jetzt blockiert, behindert und eingeschränkt hat, verflüchtigt sich. Solltest du versucht sein, in die Enge und Beschränktheit zurückzugehen, wirst du sehen, dass es – zum Glück – nicht geht. Dein neues Leben ist jetzt wirklich deine Realität geworden.

Wir wachsen und entwickeln unsere Fähigkeiten dadurch, dass wir alles Gelernte umsetzen. Dass du es bis hierher geschafft hast, bedeutet: Du bist auf der Zielgeraden.

Mittag

Heute ist der dreißigste Tag. Ein ganzer Monat voll mit tiefgründiger energetischer Arbeit liegt hinter dir. Heute sollst du dir vor Augen führen, woher du kommst und wo du jetzt bist.

Du erinnerst dich sicher, dass ich dich vor gut zwei Wochen gebeten habe, auf einem Zettel zu notieren, welche Veränderung du durch diese Arbeit in deinem Leben bewirken möchtest. Den Zettel solltest du in einem Umschlag stecken und sicher verwahren. Vielleicht hat dir damals eine eher kleine, vielleicht aber auch eine drastische Veränderung vorgeschwebt – finanzieller Art, familiärer Art oder im Hinblick auf deine Gefühlswelt.

Diesen Umschlag kannst du jetzt bitte wieder hervorholen. Hoffentlich hast du ihn griffbereit. Wir wollen uns jetzt mal anschauen, wie weit du bereits gekommen bist. Es soll ein Moment der ruhigen Betrachtung sein, der dir ein Vorher-nachher-Bild erkennbar macht: wo du warst und wo du jetzt bist.

Was sagt der Vorher-nachher-Vergleich? Vielleicht zeigt dir das, was du vor siebzehn Tagen aufgeschrieben hast, dass du dich selbst heute mehr liebst, vielleicht hast du mehr Selbstbewusstsein. Oder womöglich haben sich inzwischen schon neue Gelegenheiten ergeben, sodass du jetzt materiell besser dastehst. Jedenfalls kannst du sehen, dass du bereits ein ganzes Stück auf deinem Weg vorangekommen bist. Klopf dir dafür ruhig selbst auf die Schulter.

Es ist immer gut zu wissen, woher wir kommen. Ich erinnere mich noch bestens, wie ich mich gefühlt habe, als ich anfing, ein bisschen Sport zu treiben. Alles erschien mir einfach unmöglich, ich kam mir vor wie der letzte kurzatmige Schwächling, es war richtig peinlich. Aber ich blieb dran, ich trainierte, und schließlich konnte ich bei allem mithalten, und wie! Laufen. Gewichtheben. Nein, leicht war es nicht, aber ich kniete mich wirklich rein, und auf einmal schaffte ich Dinge, von denen ich vorher nicht zu träumen gewagt hätte.

Mach dir heute wirklich einmal bewusst, wie weit du schon gekommen bist. Meist vergessen wir, uns Zeit dafür zu nehmen und das zu feiern, was wir geschafft haben. Also: Vielleicht bist du nicht mehr ganz so ärgerlich oder faul, vielleicht urteilst du nicht mehr vorschnell oder neigst weniger dazu, dir immerfort Sorgen zu machen. Merkst du, dass du dich nicht mehr durch die gleiche Brille betrachtest? Jetzt siehst du, dass du etwas geschafft hast und stolz auf dich sein kannst. Häng es ruhig an die große Glocke: »Wow, das hab ich geschafft! Das ist ja kaum zu glauben!«

Bewahre dir dieses Gefühl den ganzen Tag über. Lass dich spüren, dass du gewachsen bist, das wird dir noch mehr Auftrieb geben. Du hast dir bewiesen, dass du etwas erreichen kannst, was dir vorher vielleicht unmöglich erschien.

Jetzt weißt du Bescheid. Du kannst noch mehr Raum einnehmen und noch mehr erreichen. Und noch mehr Räume werden sich in dir und um dich herum auftun.

Jetzt steck den Zettel wieder in den Umschlag und an die Stelle zurück, wo du ihn aufbewahrt hattest – ein schöner Prüfstein, der dir versichert, dass du weiter wachsen und dich weiter entwickeln kannst. Ein Maß für die Stufen deiner Wendeltreppe, die du bereits genommen hast.

Abend

Du musst nichts weiter tun. Du brauchst nirgendwo zu sein, du brauchst niemanden anzurufen und keine Pläne zu machen. Alles Nötige ist auf den Weg gebracht worden, und jetzt ist es Zeit, äußerlich und innerlich still zu werden, auf deinen Atem zu lauschen und auf das Kind in dir. Was dir über dein wahres Wesen bewusst geworden ist, lässt du jetzt in dir wachsen und aufblühen.

Alle Zutaten sind vorhanden.

Wie Wurzeln in der Erde Halt finden und sich in der Stille und Dunkelheit langsam vorantasten und ausbreiten, so setzt sich unser Lebensweg von selbst und nach seinem eigenen Zeitplan fort.

Veränderungen lassen sich so wenig erzwingen wie Erleuchtung. Aber wir können uns vorbereiten, wir können immer mehr in der Gegenwart leben und in allen Dingen die Verbundenheit mit dem Göttlichen suchen. Wir können unser wahres Wesen immer intuitiver und bewusster erfassen. Daran brauchen wir nicht zu arbeiten, wir müssen uns nur darauf einlassen. Wir müssen nichts erstreben, wir brauchen nur zu sein.

Vertrauen wir darauf, dass wir einfach nur sein, wahrhaft in uns selbst zu Hause sein müssen, dann erschließen sich uns ungeahnte Möglichkeiten jeder nur erdenklichen Art. Wir sind so immer besser dafür gewappnet, unser Leben voll und ganz zu leben.

Wir meinen, wir wüssten, was am besten für uns ist. Wir denken, wir wüssten, was wir wollen. Aber immer, wenn wir meinen, wir wüssten das alles, geben wir uns mit zu wenig zufrieden. Streben, versuchen, auf etwas hinarbeiten – hör einfach auf damit.

Wenn du heute Nacht schläfst, bist du wie die Wurzeln eines jungen Baumes, die sich im duftenden Boden ausbreiten und Halt finden. Sie finden Nahrung. Sie werden wachsen und wachsen, und du auch, bis du die vollendete Verwirklichung all dessen bist, was dich ausmacht.

Stell dir vor, wie das sein wird. Du hast nichts weiter zu tun, als zu schlafen, und am Morgen hast du wieder nichts weiter zu tun, als einfach wach und bewusst und verbunden zu sein und den Tag liebevoll zu begrüßen.

31. Tag
Du bist der Wandel

Morgen

So oft glauben wir, wir müssten etwas *tun*, wir müssten aktiv werden, damit sich in der Welt etwas ändert. Wir brauchen einfach etwas Höheres, eine Mission, eine wahre Berufung. Das Tun hat natürlich seinen Platz, aber wenn wir wirklich etwas bewegen möchten, kommt es auf unser *Sein* in der Welt an. Wenn du in Frieden mit dir selbst bist, bewegst du schon eine ganze Menge. Wir können spenden oder ehrenamtlich arbeiten, aber zuerst kommt es darauf an, dass wir Klarheit über unser Bewusstsein gewinnen und seine Entwicklung selbst in die Hand nehmen.

Wenn du im Einklang mit dir selbst bist und diese Schwingung in die Welt hinaussendest, bist du faktisch bereits der Wandel. Klein oder groß spielt dabei keine Rolle. Es geht nicht um großartige äußere Leistungen. Wenn du dich in allem liebst, was du bist, strahlt diese Liebe aus und ist ansteckend. Die Fernwirkung dieser Energie ist unglaublich, sie übertrifft in mancher Hinsicht alle je erbrachten äußerlichen Leistungen. Je mehr Menschen mit sich selbst in Frieden sind, desto stärker ändert sich die kollektive Energie. Was sich diesem Frieden und der gelassenen Stille entgegenstellen will, muss weichen.

Wer alles in sich fühlt, kennt auch den Raum des Friedens und gehört zu einer stetig wachsenden Minderheit. Wir brauchen auf dieser Erde so viele Kristallisationspunkte des Friedens wie nur irgend möglich. Dieser Bewusstseinswandel bewirkt einen großartigen Wandel, und jeder, der dieses Buch liest, hat Teil an diesem Paradigmenwechsel von der Angst zur Liebe.

Alles ist veranlasst. Frieden. Das ist es, was du säst. Mehr ist nicht zu tun. Erlaube dir, einfach nur dazusitzen. Du *bist* der Wandel. Es muss jetzt nichts mehr geleistet werden. Es kommt auch wieder die Zeit zum Handeln, dieser Weg soll ja nicht einfach in die bequeme Selbstzufriedenheit führen. Aber erst später, wenn du dich besser kennst. Vorerst ist es vollkommen ausreichend, dass du für diesen Weg bereit bist.

MITTAG

Vielleicht bist du heute mit dem falschen Bein zuerst aufgestanden. Man spürt das sofort. Es kann auch nach dreißig Tagen auf dem Weg der Selbstwahrnehmung noch passieren. Nichts passt dir in den Kram, du bist muffig. Du hast schlecht geträumt. Dein Mann hat geschnarcht. Der Rücken tut dir weh. Einerlei, du verfügst jetzt über die Mittel und das Bewusstsein, mit denen du die Richtung ändern kannst. Dir steht alles an Energie zur Verfügung, was du nur benötigen könntest, und das gibt dir die Möglichkeit, von jetzt auf gleich umzuschalten – von der Angst zur Liebe.

Sei selbst die Lösung.

Sei der Wandel.

Immer wenn du heute auf Schwierigkeiten triffst – bei jeder Begegnung, bei jedem Menschen, in jeder Situation, wenn es klemmt, wenn etwas nicht richtig läuft –, bietet sich die Chance, die Dinge von innen her zu verwandeln. Lass dich auf alles ein, und sei dabei so klar und geradlinig, wie du nur kannst.

Beim Blick nach innen spürst du jenen leisen oder lauten Missklang. Was fühlst du noch außer diesem vagen Missbehagen, dem du entnimmst, dass irgendetwas nicht stimmt? Wenn diese graue Gewitterwolke über dir hängt, was ist dann wirklich los? Angst? Ärger? Du wirst nicht lange suchen müssen, denn es liegt direkt vor deiner Nase.

Hast du dich innerlich ganz der Gelassenheit verschrieben, wirst du mühelos erkennen, welche Art von Dichte dich gerade blockiert, und dann vergeht sie wie von selbst. Dann bist du der Berg, der nach der Lawine immer noch so dasteht wie zuvor, aufrecht, majestätisch, unverändert. Lass alles von dir abfallen. Wenn du beschlossen hast, dass du selbst der Wandel sein möchtest, hast du dich auch zur Gelassenheit entschlossen. Diese Gelassenheit eines Berges wirst du für nichts und niemanden mehr aufs Spiel setzen oder opfern.

So bewegst du dich durch den Tag und seine Geschichten, Herausforderungen und Dramen. Du weißt, worum es sich jeweils handelt, du fühlst es deutlich, gehst aber einfach hindurch und kehrst zurück auf den sicheren Boden des inneren Friedens.

Dieser Frieden strahlt von dir aus, er umhüllt und berührt alles, was auf deinem Weg liegt. So bewirkst du überall, in jeder Begegnung und bei allem, was du tust, Veränderungen.

Alles beginnt mit dir.

ABEND

Die Welt wartet auf dich. Die Probleme werden morgen noch da sein. Ungerechtigkeit, Intoleranz, Krieg, Hunger, Kinderarbeit, Obdachlosigkeit, Rassismus, Homophobie – sie vergehen nicht einfach, jedenfalls nicht gleich, nicht heute.

Du fühlst die Leiden der Welt in dir. Du würdest gern eine Hand reichen, du möchtest irgendwie helfen.

Das wirst du auch, aber erst, wenn du so weit bist, wenn du weißt, worin deine Rolle besteht. Persönliche Motive müssen ganz und gar abgelegt werden, sodass sich der Weg ganz natürlich zeigen kann. Vorher musst du dich jedoch mit deinen inneren Konflikten auseinandergesetzt haben, musst deine eigenen inneren Streitereien und Kriege beendet haben.

Du bist schon fast da, kurz davor, den Berggipfel zu erklimmen. Beinahe bist du schon der Wandel, beinahe das, was die Welt von dir braucht. Das ist das Schöne an diesem Weg: Wenn du die Schwingungsdichte auflöst, die dich bisher behindert hat, bist du automatisch ein Motor des Wandels zum Besseren.

Dann wird es einfach. Dann bejahst du dich mit allem, was du bist, findest inneren Frieden und musst jetzt nur noch da sein.

Du machst dich damit zum Geschenk und schenkst dich allen Menschen auf deinem Weg.

Anderen helfen oder sie retten – das brauchst du jetzt nicht mehr, um dich selbst ganz zu fühlen. Du weißt, dass du ganz bist, und die Liste deiner Vorhaben schmilzt auf eines zusammen: Liebe.

Wenn du jetzt das Licht ausmachst, tu es in dem Wissen, dass der Tag kommt, an dem du dich zur Verfügung zu stellen hast. Du wirst wissen, wann es so weit ist. Du wirst dann keine Fragen mehr haben. Auch nicht die nach deinen Motiven. Du wirst einfach tun, was zu tun ist, unaufdringlich und aus ganzem Herzen.

Heute noch nicht. Heute schläfst du einfach.

32. TAG
EIN INSTRUMENT SEIN

MORGEN

Große Künstler stellen sich der Kunst zur Verfügung. Wenn große Komponisten, bildende Künstler und Dichter an ihren Werken arbeiten, sind sie einfach Gefäße für das Göttliche. Sie übergehen egoistische Bedürfnisse, um sich den Kräften der Seele voll und ganz zur Verfügung stellen zu können. Vom Verstand her ist das nicht wirklich nachzuvollziehen, alles Große kommt aus dem Herzen.

Unsere »Dichte-Entschlackung« nähert sich dem Ende. Immer mehr kommst du nun mit dir selbst in Einklang, und mehr und mehr steht dir auch die unermessliche Kraft zur Verfügung, die all jene schon genutzt haben, die wirklich etwas Positives zum Leben auf unserem Planeten beigetragen haben.

»Ich? Unermessliche Kraft?«, fragst du vielleicht etwas beunruhigt. Keine Sorge, das Universum hat da eine Sicherung eingebaut, die nie versagt und die dafür sorgt, dass diese Kraft nur zum Guten verwendet werden kann. Du musst erst im Einklang mit dir selbst sein, bevor du mit dieser Kraft konfrontiert wirst. Anders ginge es gar nicht.

Wenn du im Einklang mit dir selbst bist, geht es nicht mehr um dich. Du bist dann ein Werkzeug, ein Instrument. Wir alle sind letztlich Instrumente, und das Göttliche ist der Dirigent. Dieser größte aller Dirigenten möchte, dass wir seine wunderbare Melodie erklingen lassen. Damit dies jedoch geschehen kann, müssen wir, ich sage es noch einmal, im Einklang mit uns selbst sein.

Jedem Menschen ist diese Möglichkeit gegeben, und zwar nicht nur für Augenblicke, sondern als dauerhafte Erfahrung.

Du warst mutig genug, diesen Weg mit mir zu beschreiten, und so, wie du jetzt besser weißt, wer du wirklich bist, hast du auch Zugriff auf die unermessliche Kraft. Im Laufe all dieser Schritte hast du erkannt, dass das Universum auf deiner Seite steht. Du lebst nicht in einer feindseligen Welt, sondern alles in dieser Welt wünscht dir Erfolg, Fülle, Gelassenheit und Leichtigkeit. Darauf kannst du dich verlassen. Und wenn du es doch wieder einmal vergisst, denk an die weisen Worte des heiligen Franziskus und bitte das Göttliche, dich zu einem »Werkzeug seines Friedens« zu machen. Das verschafft dir große Freiheit. Du hast dich auf den Weg gemacht, du hast alle Schritte getan, jetzt weißt du aus eigener Erfahrung, worum es geht. Du bist in die Tiefe deiner selbst gelangt.

MITTAG

Wir nähern uns dem Ende des aktiven Teils dieser energetischen Arbeit, und inzwischen bist du auch in der Lage, das Fließen dieser Energie in dir zu spüren. Nimm dir jetzt ein paar Minuten, um das wirklich zu fühlen. Setz deinen Kaffee oder Tee ab, mach es dir bequem, sei bereit. Du bist jetzt offener, als du es dir je zugestanden hast, und das erlaubt dir, das Strömen der Energie zu spüren, die immer in dir fließt. Wie Musik durch einen Komponisten oder Musiker strömt oder Worte durch einen Schriftsteller fließen oder wie der Pinsel eines Malers selbst zu wissen scheint, wie er sich auf der Leinwand zu bewegen hat, so möchte das Leben durch dich seinen Lauf nehmen.

Du bist ein Instrument, das du liebevoll gepflegt, gestimmt und poliert hast. Jetzt wird es Zeit, es zu spielen. Dabei sind deine Stellung und die Art deiner Tätigkeit unwichtig – Straßenkehrer, Bankangestellter, Hausfrau, Student. Sei nur offen und empfänglich für alles, was in deinem Körper vorgeht. Was zeigt sich gerade? Vielleicht ein leichtes Erschauern oder so etwas wie eine Welle, ein Prickeln? Atme. Lass los. Lass alles zu. Vielleicht fühlst du Wärme oder etwas wächst in dir? Atme.

»Ich bin offen und empfänglich. Ich bin bereit, ein Instrument zu sein.«

Mit diesen Worten lässt du dich auf die Verbindung ein, und es ist, als würde ein Schalter umgelegt, der Gnade, Inspiration und höhere Weisheit in dich einströmen lässt. Liebe. Frieden. All das ist jetzt in dir lebendig.

Stell diese Verbindung bewusst her. Das geht jeden Tag. Stimm dich darauf ein, dann kannst du im Laufe der Stunden immer wieder an diesen Ort der Verbundenheit zurückkehren. Tauche ein in das Gefühl, lass die Verbindung entstehen. Du brauchst dich gegen das Leben nicht zu wehren. Wenn du es tust, kann es seinen Lauf nicht nehmen. Lass dich führen.

Komm nach Hause, dorthin, wo du einfach bittest, loslässt und empfängst.

Alles in dir verändert sich, wenn du nur bereit bist, offen dafür zu sein.

Lass los.

Sei ein Instrument.

ABEND

Wir alle sind Instrumente im großen Orchester des Göttlichen. Jeder spielt seine Stimme, jeder hat sein Register, seine eigenen Noten. Du könntest eine Flöte sein, aber nicht irgendeine Flöte, sondern ein wunderbar ziseliertes antikes Kunstwerk von einer Flöte, tiefer Glanz unter edler Patina. Es ist eine Flöte, die schon immer da ist, und jetzt bist du sie. Du lebst in ihr und verkörperst sie.

Jeder deiner Atemzüge ist eine vom Göttlichen vertonte Note, die sich in den großen Orchesterklang einfügt. Du wirst eins mit allen Atemzügen in der Welt.

Sei die Flöte, sei dieser Atemzug.

Jedes Einatmen und Ausatmen geht so leicht durch deinen Körper, du fühlst den Atem im Bauch, in der Brust, in der Kehle, in der Nase.

Sei offen dafür, dass sich die Musik in dir komponiert. Es ist ein Liebeslied, eindringlich und ein wenig traurig. Lass den Tönen einfach ihren Lauf, lass dich auf ihren Klang ein und auf diesen Atemzug. Nichts ist schöner, nichts einzigartiger.

Nur du kannst diese Melodie zum Erklingen bringen, nur du bist dieses Instrument. Deine Geschichte, dein Leben, bringt genau diese Stimmlage und Klangqualität hervor, die wie keine andere ist.

Sei dieser Atemzug und diese Musik, die nur von dir kommen kann. Überlass dich diesem Spiel voll und ganz.

Inzwischen weißt du, dass das Göttliche dir jeden erdenklichen Rückhalt geben wird. Mit jedem Ton, mit jedem vertrauensvollen, frei schwingenden Atemzug wirst du offener und sichtbarer. Die Schwingungsdichte bröckelt von dir ab wie alter Putz.

Dieser Atemzug ist die Musik des Göttlichen, und das Göttliche ist eben jetzt so gegenwärtig, wie es nur sein kann.

33. Tag Liebe

Morgen

So, da sind wir. Wir haben das Ende dieses Buchs und zugleich den Punkt des Absprungs in die Vollkommenheit erreicht. Du hast zu deinem authentischen Ich gefunden, in dem du Liebe erfahren und aussenden kannst.

So habe ich es erlebt, als ich dem Göttlichen zum ersten Mal begegnet bin, und jetzt bin ich einfach als Bote hier, der mit vollkommener Klarheit sagen kann: Was uns öffnet und die Welt ringsum erschließt, lässt sich mit einem Wort sagen: Liebe.

Wenn ich irgendwo auf der Welt als Sprecher auftrete, beende ich meine Vorträge und Veranstaltungen immer mit den Worten: *I love you and thank you for loving me.*

So möchte ich es jetzt also auch zu dir sagen: Ich liebe dich, und ich danke dir dafür, dass du mich liebst.

Am Ende ist mit diesem einen Satz alles gesagt, denn was ließe sich darüber hinaus noch sagen, wenn wir das Göttliche in allem und jedem sehen, weil wir jedes Ding und Lebewesen als Teil des Göttlichen erkennen?

Du hast es geschafft. Ich habe dir die Ausgangspunkte gezeigt, aber alles Weitere hast du selbst erledigt. Deine Bereitschaft hat dich dahin geführt, wo du jetzt bist. Du hast einen Schritt getan und dann noch einen und weitere und so hast du die große Brücke vom Opferbewusstsein zum Selbstvertrauen überquert.

Du hast dir deine Angst, deine Traurigkeit, deinen Ärger, deine Schuldgefühle und deine Scham angesehen, du bist in deine Muster und Süchte eingetaucht. Du hast dich mit der unstillbaren Bedürftigkeit deines Egos vertraut gemacht. Du hast deine Selbstsabotage durchschaut und all die Auslöser, über die du bislang so oft gestolpert bist. Du hast deinen Atem gefunden und losgelassen. Und so bist du liebevoller und verständnisvoller geworden. Auf der endlosen Wendeltreppe stehst du jetzt ein paar Stufen höher.

Du hast den Weg von der Angst zur Liebe gewählt. Wo etwas Scharfes und Stacheliges um dich war, ist jetzt so etwas wie eine wunderbare weiche Decke, in die du dich jederzeit einhüllen kannst. Du bist weicher geworden, mehr du selbst.

Es ist eine unsichtbare Decke, von außen betrachtet siehst du vielleicht unverändert aus. Aber du weißt, dass sie da ist. Und glaub mir, sie wird da bleiben.

Innerlich ist alles verändert, alles neu. Du bist in dir selbst neu geboren worden.

MITTAG

Einen Großteil unseres Lebens sind wir für andere da. Wir versorgen unsere Familie, unterstützen unseren Partner, erziehen die Kinder. Wir sind für unsere Freunde da, helfen aus, wenn der Nachbar krank ist, setzen uns ehrenamtlich für

Obdachlose oder Flüchtlinge ein, spenden für das Rote Kreuz.

Aber wo sind wir selbst, wo ist all die Liebe, wenn es um uns selbst geht?

Liebe zeigt sich auf so viele verschiedene Arten. Manches lieben wir an uns – aber *alles*? Da zögern wir. Unsere Schokoladenseite zeigen wir gern, und die sehen wir uns auch selbst gern an, aber was wir nicht so akzeptabel finden, das nehmen wir lieber gar nicht erst wahr – Scham, Ärger, Schmerz und Sorgen, meine ich. Da werden wir uns selbst gegenüber so geizig, wie wir es unseren Lieben gegenüber niemals sein würden. Stell dir einmal vor, du würdest dir selbst solch eine aufmerksame, ja andächtige Liebe entgegenbringen wie eine Mutter, die ganz und gar in der Fürsorge für ihr Neugeborenes aufgeht. So viel mitfühlende Güte.

Hier müssen wir uns fragen, ob wir wirklich gut für uns sorgen, mit was für Leuten wir uns umgeben und wie wir auftreten. Welchen Tonfall hat deine innere Stimme? Verärgert und schulmeisterlich oder gütig und wohlwollend?

Achte heute einmal darauf, wie es um deine Selbstliebe bestellt ist. Nein, das hat nichts mit Egozentrik zu tun, ganz im Gegenteil. Dich selbst zu lieben ist das größte Geschenk, das du den Menschen in deinem Umfeld machen kannst. Je mehr Liebe du in dir hast, umso offener und uneingeschränkter kannst du auch für die anderen da sein.

Halte heute einmal das Bewusstsein aufrecht, dass du es verdient hast, dich selbst zu lieben. Fülle dich mit dieser Liebe, als wärst du eine kostbare Porzellanschale. Du kannst immer wieder nachschenken, die Liebe wird nicht ausgehen.

Abend

Wo fängt Liebe an? Hat sie überhaupt einen Anfang? Ist da ein Same, der ausgebracht wird und dann zu etwas Sichtbarem und Fühlbarem heranwächst? Hat die Liebe ein Haus? Hat sie ein Gesicht, einen Körper, eine Stimme, eine Gestalt?

Liebe ist.

Liebe war da, bevor es eine Erde gab, bevor es Galaxien gab, bevor das entstand, was wir Leben nennen. Liebe ist wie ein Meer, in dem wir schwimmen, sie ist die Luft, die wir atmen, und alles ist von ihr durchdrungen, jede Zelle, jedes Molekül.

Wenn wir keinen Anfang für die Liebe finden können, dürfen wir sicher sein, dass sie auch nie endet.

Da haben wir also eine Konstante, eine unveränderliche, feststehende Wahrheit des Lebens: Liebe ist in dir und um dich herum. Sie ist für dich und durch dich, immer da, immer nah. Sie ist das, was dich leitet und führt.

Die Hand der Liebe berührt dein Leben vom ersten Augenblick an. Daran hat sich nie etwas geändert. Diese Hand führt dich weiter und weiter, sie stützt und leitet dich. Sie tröstet und ermuntert dich. Sie lenkt dich in eine Richtung, auf die du ohne sie nicht kommen würdest.

Dieses Buch, dessen letzte Seiten du jetzt berührst, ist Liebe. Die umblätternde Hand ist nicht von der Seite verschieden. Der Lesende und das Gelesene sind dasselbe.

Wenn du jetzt schläfst, tief und fest wie jemand, der Frieden hat, kannst du sicher sein, dass du von Liebe umgeben bist. Und solltest du das für einen Moment vergessen, brauchst du den Blick nur nach innen zu wenden.

Das Ende ist eigentlich ein Anfang.

Ich liebe dich, und ich danke dir dafür, dass du mich liebst.

DANK

Dank an den unentbehrlichen J. C. Carpenter und alle anderen in meinem kleinen Unternehmen Panache Desai LLC, die mich mit so unermüdlichem Engagement unterstützen.

An meine wunderbare Agentin Jennifer Rudolph Walsh und das ganze Team der Agentur William Morris Endeavor.

An die unglaublich fähige und begabte Julie Grau vom Verlag Spiegel & Grau und alle Mitglieder der Penguin-Random-dom-House-Familie, die sich so hingebungsvoll eingesetzt haben.

An Dani Shapiro, wunderbare Seele und liebe Freundin.

An Oprah Winfrey, die personifizierte Seelensignatur, deren liebenswürdiger Großzügigkeit ich so manche Inspiration verdanke.

Und schließlich an dich, liebe Leserin, lieber Leser. Danke, dass ich dich zu deinem wahren Ich zurückführen durfte. Möge das Ende dieses Buchs für dich der Beginn eines größeren Lebens sein, als du es je gelebt hast.

Dr. Eben Alexander

Blick in die Ewigkeit

Als der renommierte Neurochirurg Eben Alexander
infolge einer Hirnhautentzündung ins Koma fällt, haben ihn
die Ärzte schon aufgegeben. Doch nach sieben Tagen
erwacht er wie durch ein Wunder – und berichtet von einer
der faszinierendsten Nahtoderfahrungen, die je ein Mensch
gemacht hat. Auf beeindruckende Weise rekonstruiert er dieses
Erlebnis und stellt es nach streng wissenschaftlichen
Kriterien auf den Prüfstand. Seine Untersuchungen lassen
nur einen Schluss zu: Es gibt tatsächlich
ein Leben nach dem Tod!

978-3-453-70312-4

Der Seelenplan
für unseren Weg auf Erden

978-3-453-70317-9

978-3-7787-7467-0